U0458473

中国民间
崇拜文化丛书

道界百仙

徐彻 李焱 —— 著

上海三联书店

编者的话

　　这四本书稿，我是在一年前开始接触的。如今，没有一个总起的序言。我便拨通了徐彻先生的电话，想请他写个自序。他接起电话，像往常一样客气又直爽。我简单表明了想法，没想到他在做透析，每周至少有三天在医院。他说，这个序言他是写不了了。他的声音稳重有力，我一时不能想象他在被病痛折磨。我询问是否有相识的学者，可以帮忙写序。他说，就他所知，做这方面研究的教授极少，没人愿意弄这个。我想了想，提议请沪上一位有名的学者写。他觉得此人一来不认识，二来对方虽然从事一部分宗教研究，但方向是中国基督教史，不合适。

　　随即电话那头传来了笑声，徐彻先生说，就你吧，我觉得你写这个序最适合。我连忙推脱，可是他异常坚持。

为徐彻先生的书写序，不胜惶恐，不仅因为徐彻先生著作等身，既是大学者，又是编辑界的前辈，更因为这四本看似轻小的丛书，里面有大学问。要为这套丛书写序，怎么也得是个大学者。作为编辑，我能够讲的只是另外一些东西。

这套名为"中国民间崇拜文化"的丛书，共四册，分别是《佛界百佛》《道界百仙》《冥界百鬼》《民间百神》。曾想给它们取"更市场化"的名字，试过好几个版本，还是原书名更准确地表达了书的内容，也更大气。四本书格局一致，每个佛仙鬼神都有编号，从1至100。为此特意在内文的右侧做了一个索引的设计，即便快速翻看，也能找到你想了解的佛仙鬼神。我想将它做成字典、手册，便于随时查阅和学习。

和大多数读者一样，我对这块知识也是"一知半解"或只是"道听途说"。在这之前，没有系统地学习，甚至没有读过类似的著作。但在阅读了书稿的一些章节后，我立刻意识到，这是套不容错过的好书。

书中佛仙鬼神的名称，对于不是研习宗教学的人来说，需要格外小心。我借来了《大辞海·宗教卷》（上海辞书出版社）、《佛教小辞典》（上海辞书出版社），对每个佛仙鬼神一一核对。例如，阿弥陀佛的十三个名号，十六罗汉、天龙八部、十殿阎王各自的名称等，都极容易出现重复和错字。《佛界百佛》中佛的名称多是梵语音译，对照也需仔细。内容的准确是一本书的底线，为此请了专家审读把关，对难把握的地方反复校定。《佛界百佛》讲到马头明王时有一段：

马头明王虽为观音化身，但其面目无温柔容，而现愤怒相。其像有一面二臂、三面八臂、四面二臂、四面八臂等多种。一面二臂者，身红色，三眼圆睁，獠牙外露，发须皆红黄上竖，头顶上有绿色马首。右手持骷髅宝杖，左手施期克印。头戴五骷髅冠，项挂五十人头璎珞，以虎皮为裙，以蛇饰为庄重。以莲花日轮为座，威立于炽热般若烈焰中。

这段文字写得很好，只有一句"发须皆红黄上竖"让人有疑问：红黄是两色，前面却用了"皆"字。是否应为"发须皆红而上竖"呢？我首先查看了马头明王的画像，其造型都是赤红一身，说"身红色"是没有问题的。发须是红黄二色，因此不应是"发须皆红而上竖"。我依然不放心，又查阅了《佛教小辞典》关于马头明王的描述，但辞典并无对马头明王毛发的说法。我再上网查询，居然见到网页上关于马头明王的一段文字，竟与书稿上这段文字，一字不差！

我心一紧，立即联系了徐彻先生。他耐心地作了答：一、上面一段文字，是他本人写的。因为书稿中部分内容之前出版过，网上此类关于马头明王的说法，应该是引用了他文章中的文字。二、马头明王的须发还是

"红黄上竖"。最后，这段文字，"发须皆红黄上竖"一句去掉了"皆"字，"威立于炽热般若烈焰中"一句去掉了"炽热"两字。

书稿中每个佛仙鬼神原来都配有图片，由于图片质量不等，加之风格不一，只好做了大量的删除和修改。我先制定了一个标准：不是老的不用。也就是说，书中的插图要么是古画，要么是古代雕塑、石刻，尽可能的气质统一。寻找合适的图片花费了很长时间，这也让我接触到一些有意思的老刊本和画卷。书中的图片虽是对文字的补充，却并非只是配角，完全可以独立来看。

虽说可将本丛书当作"字典""手册"，但内容绝不像字典、手册那么简单。徐彻先生是著名的中国晚清史学者、中国现代史学者，这套丛书贯穿其严谨的学术风格，引用精当，资料翔实。令人惊喜的是，书中的文字干净、生动、典雅，给人带来读小说的愉悦。这套书或许不能算是开创性的著作，但对一百个佛仙鬼神的记录，不仅在古书的基础上作了大的补充，还写出了自己的味道，在当下极为稀有，可称为无二之作。

《佛界百佛》共9万字，分为7章。这7章是：佛陀部，列10位佛陀；菩萨部，列9位菩萨；观音部，列14位观音；诸天部，列20位天王；明王部，列8位明王；罗汉部，列21位罗汉；高僧部，列18位高僧。书中将印度的佛与中国的佛混编在一起，既能看到传承，也能读到演变。

《道界百仙》共12万字，分为10章。这10章是：创世神、天尊神、星宿神、游仙神、真人神、护法神、佑民神、居家神、山泽神、匠作神。此册有《列仙传》《三教源流搜神大全》的影子，里面的插图在本丛书中最为别致。

《冥界百鬼》共12万字，分为8章。这8章是：鬼王部、鬼帅部、鬼吏部、鬼煞部、鬼卒部、情鬼部、善鬼部、恶鬼部。书中记录的鬼，林林总总，不少的名字我连听也未曾听过，如：针口饿鬼、食气鬼、伺便鬼、痴鬼、报恩鬼、傻鬼、蛇鬼等等。平常人们谈鬼色变，忌讳谈鬼，这本书却可以让人了解冥界几乎所有的鬼。在本丛书中，这一册故事性最强，是我最喜爱的。在我看来，欲做人，先读鬼，这百鬼便是百人千面。

《民间百神》说的是中国俗神，共14万字，分为7章。这7章是：信仰神、欢乐神、情感神、吉祥神、护卫神、行业神、自然神。中国人对神的信仰，也是心灵的寄托和精神的安慰。遭遇不幸的时候，他们想到了神；寻求幸福的时候，他们也想到了神。于是，对神的信仰，就成了人生的一种态度，生活的一种方式，文化的一种形态。徐彻先生一直强调，他关注神仙文化，是想通过对神仙文化的研究，进一步了解中国传统文化。

说到底，佛仙鬼神是人类生活的这个世界的一部分，是人类精神的一部分。了解佛仙鬼神，自然是了解这个世界，是了解人类的精神。我们一直想看清这个世界真实的面貌，人类精神真实的面貌，这是我们对"真"执着的追求。而世界真实的面貌，人类精神真实的面貌，只能存在于世界完整的面貌，人类精神完整的面貌当中。因此，这套丛书就有特别的价值了。

现在编辑工作收尾了，上海入了秋，却比夏天还热。我心里还是惶恐，担心因为能力不够，编辑工作有这样或那样的问题。在这里，只有恳请徐彻先生和读者见谅了。

陈马东方月
2018年9月于上海

目录

第一章

创世神

盘古

01

提到盘古，中国人都会脱口而出"盘古开天地"。这位中国古代传说中的巨人神，亦是道教所尊崇的创世神之一。

三国吴国人徐整著《三五历纪》是这样记述盘古开天地的：

"天地浑沌如鸡子，盘古生其中。万八千岁，天地开辟，阳清为天，阴浊为地。盘古在其中，一日九变，神于天，圣于地。天日高一丈，地日厚一丈，盘古日长一丈，如此万八千岁。天数极高，地数极深，盘古极长，后乃有三皇。数起于一，立于三，成于五，盛于七，处于九，故天去地九万里。"

这是说，传说在天地还没有开辟以前，宇宙就像是一个大鸡蛋一样混沌不清。有个叫作盘古的巨人，在这个大鸡蛋中一直酣睡着。大约过了一万八千年，他突然醒来，发现周围一团漆黑。盘古不能忍受，挥舞巨掌劈向黑暗，天地从此开辟，千万年的混沌黑暗被搅动，其中轻盈清澈的物质慢慢上升并渐渐散开，变成蔚蓝的天空；而那些厚重混浊的物质慢慢下降，变成了厚实的土地。盘古站在这天地之间非常高兴，他天天在变化，其精神弥漫于天，其神圣熔铸于地。如此，盘古每天生长一丈，天亦每天增高一丈，地亦每天加厚一丈。这样又过了十万八千年，天越来越高，地越来越厚，盘古生长得极为高大。此后，才拥有了三皇。数字是从一开始的，数到三就立住了，数到五就成气候了，数到七就兴盛了，数到九就达到极点了。因此，天空与大地之间的距离已经达到九万里了。

明末清初学者徐道著《历代神仙通鉴》（一名《三教同源录》）对盘古开天地的记述则是这样的：

"盘古将身一伸，天即渐

高，地便坠下。而天地更有相连者，左手执凿，右手持斧，或用斧劈，或以凿开。自是神力，久而天地乃分。二气升降，清者上为天，浊者下为地，自是混沌开矣。"

这是说，盘古诞生以后，用全力开天辟地。他将身体一伸，天即逐渐长高，地便下坠。此时天和地还有互相连接之处，盘古即左手拿着尖凿，右手持着利斧。有时用利斧劈，有时用尖凿开。依靠他的神力，功夫不负有心人，久而久之，天与地就彻底分割开了。清浊二气有升有降，清气上升为天，浊气下降为地，自此混沌污浊的雾团得以全然分开了，开天辟地大功告成。

以上记叙的是盘古开天地的极大功绩，而对盘古之死，南朝梁任昉著《述异记》云：

"昔盘古氏之死也，头为四岳，目为日月，脂膏为江海，毛发为草木。秦汉间俗说：盘古氏头为东岳，腹为中岳，左臂为南岳，右臂为北岳，足为西岳。先儒说：盘古氏泣为江河，气为风，目瞳为电。古说：盘古氏喜为晴，怒为阴。吴楚间说：盘古氏夫妻，阴阳之始也。今南海有盘古氏墓，亘三百里，俗云后人追葬盘古之魂也。桂林有盘古祠，今人祝祀；南海有盘古国，今人皆以盘古为姓。盘古氏，天地万物之祖也，而生物始于盘古。"

意思是说，盘古开天辟地将自己累死了，但盘古将自己的一切都无私地奉献给了天地。他的气息化成风云，声音变成雷霆，目为日月，四肢五体为四极五岳，血液为江河，筋脉为地理，肌肉为田土，发髭为星辰，皮毛为草木，齿骨为金石，精髓为珠玉，汗流为雨泽，从而建成天地。

唐宋以后，道教为传道之需要，将盘古纳入道经中，并尊崇为盘古真人，亦称为"元始天王"，成为道教之创世神。正所谓先天之气"化为开辟世界之人，辟为盘古；化为主持天界之祖，即为元始"。据东晋葛洪著《枕中书》记载，在二仪未分、天地日月未具时，已经有了盘古真人，自号元始天王，游乎其中。他后来与太元圣母通气结精，生扶桑大帝（东王公）、西王母。后又生地皇，地皇生人皇。以后的伏羲、神农、祝融等都是他的后裔。

河北省沧州市有盘古庙。该庙始建于元世祖忽必烈执政期间，明清两代均曾重修。该庙每年有两次盛会，一次是农历九月初九日盘古诞辰日；另一次是农历三月初三盘古归天日。届时，当地都会举行庙会，迎接八方来客。

02

伏羲

伏羲是盘古的后裔，亦是神话传说中的人类始祖。伏羲，又称宓羲、庖牺、包牺、伏戏，亦称牺皇、皇羲、太昊，在《史记》中称伏牺。伏羲位列三皇之首，三皇即天皇伏羲、地皇神农、人皇女娲。

据说在宇宙初开之时，只有伏羲和女娲兄妹二人。据南朝梁萧统编《昭明文选》记载："伏羲鳞身，女娲蛇躯。"这是说，伏羲身上有龙麟，女娲是蛇身。他们住在昆仑山上，为繁衍人类，只好兄妹二人配为夫妻。唐李冗著《独异志》记载了这个传说：

昔宇宙初开之时，只有伏羲、女娲兄妹二人住在昆仑山下。为了繁衍人类，兄妹想结为夫妻，但又感到羞耻。于是，兄妹二人登上了昆仑山，发出咒语："苍天如果同意我兄妹二人结为夫妻，烟雾就立即聚合在一起；如果反对我兄妹二人结为夫妻，烟雾就立刻分散。"结果烟雾立即聚合在一起，说明老天同意兄妹二人结为夫妻。于是，他们就结合了。

伏羲女娲兄妹二人结婚而繁衍人类的传说，反映了原始社会早期血亲婚配的婚姻制度。伏羲为人类做出了很多开创性的贡献，如始创婚姻、发明占卜八卦、制造乐器弦琴、结绳为网等。

甘肃省天水市有伏羲庙。伏羲庙，原名太昊宫。太昊即伏羲。该庙建于明宪宗成化年间，现为全国重点文物保护单位。每年农历五月二十三日，当地都举行盛会，庆祝伏羲诞辰。

河南省淮阳县有太昊陵。此陵始建于春秋年间，历史悠久，被视为"天下第一皇朝祖圣地"。当地每年农历二月二日起，都要举行"人祖庙会"，会期持续一个月。如今的太昊陵不仅是全国重点文物保护单位，而且还是中国非物质文化遗产之一。

03

女娲

女娲是中国历史神话传说中的女神，是三皇之一。她的

功绩，使她成为中华民族的创世神和始祖神。可以毫不夸张地说，她是中华民族的伟大母亲。

相传她对中华民族有三大特殊贡献：一是抟土造人；二是设置婚姻；三是炼石补天。

第一大贡献是抟土造人。据说，女娲形象奇特，是人头蛇身。同时，她神通广大，无所不能。她能够化生万物，"一日七十化"，就是说，一天可以变化出七十样东西。女娲眼观大地，白茫茫一片真干净，什么也没有，显得十分凄凉。她悲天悯人，欲创造万物，创造人类。她计划用七天时间，来进行创造。正月初一日创造鸡，初二日创造狗，初三日创造羊，初四日创造猪，初五日创造牛，初六日创造马。这六天，她创造了六畜，给人类提供了生产资料和生活资料。初七日，女娲创造了人。她用黄土和溪水，按照自己的模样，抟成一个个小泥人。她不辞辛苦，抟了一批又一批。但是，

她觉得速度还是太慢。于是，她把一根藤条沾上泥浆，然后挥舞起来。泥点子挥洒在大地上，个个点子都变成了人。这就是抟土造人。

第二大贡献是设置婚姻。仅仅有人是不够的，必须解决人的繁衍问题。女娲想到了用男女婚姻，来解决这个棘手问题。据东汉应劭著《风俗通义》记载："女娲祷神祠，祈而为女媒，因置婚姻。"即是说，女娲亲自到神祠去祈祷，祈祷神明回答如何解决人类的繁衍问题。神明回答她，可以设置婚姻，用男女婚配的方法来繁衍人类。这是一个伟大的发现，发现了人类可以用自身的力量，传宗接代，繁衍下去。

《礼记·明堂位》云："垂之和钟，叔之离磬，女娲之笙簧。"这是说，和钟是垂发明的；离磬是叔发明的；笙簧是女娲发明的。《魏书·乐志序》云："伏羲弦琴。"可见，伏羲和女娲兄妹二人还是乐器始祖。两人由兄妹而夫妻，又都擅长乐器抒情，难怪多数音乐作品都与爱情有关。

第三大贡献是炼石补天。据西汉刘安著《淮南子》记载，水神共工和火神祝融因故吵架，大打出手，最后祝融打败了共工。水神共工因失败而羞愤难当，朝西方的不周山撞去，不周山崩塌了。孰料，不周山原来是一根撑天的柱子。撑支天地之间的天柱断裂，天倒塌了半边，露出了一个大窟窿，地也陷了一道大裂缝，山林燃起了大火，洪水从地底下喷涌出来，龙蛇猛兽也出来吞食人类。人类面临着空前的灾难。

女娲目睹人类遭遇的劫难，痛苦万分，她决心设法补天，以拯救人类。她选用各色各样的五色石子，架起烈火将它们焚烧成石浆，用这种石浆来补天上的大窟窿。随后，又斩下一个大龟的四只脚，把四只脚当作四根柱子，支撑起倒塌的半边天。女娲还擒杀了残害人类的黑龙，刹住了龙蛇的嚣张气焰。最后，为了堵住四处漫流的洪水，女娲还收集了大量的芦草，把它们焚烧成灰烬。然后，用这些灰烬来堵塞四处漫流的洪水。

经过女娲的辛勤整治，苍天补上了，大地填平了，洪水止住了，龙蛇敛迹了。人类又重新过上了安乐的生活。女娲为人类的生活创造了完美的自然环境。

中国各地有很多女娲庙宇。

如山西省霍州市的娲皇庙、甘肃省秦安县女娲庙和女娲洞、甘肃省天水市女娲庙、山西省洪洞县娲皇庙、河南省周口市西华女娲庙、河北省涉县娲皇宫等。每年农历三月初一是女娲诞辰日，这一天，一些女娲庙如西华女娲庙和涉县娲皇宫都会举行盛大的庙会。其中，涉县娲皇宫庙会据说已有一千四百年的历史了。

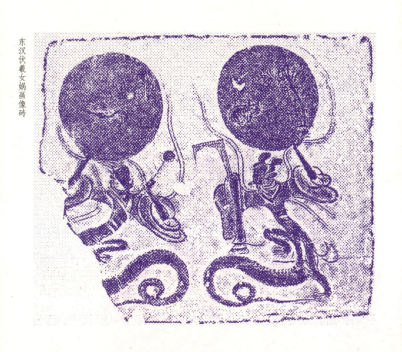

东汉伏羲女娲画像砖

神农

神农，传说中的农业和医药的发明者，是三皇之一。他生于姜水，以姜为姓。《易传·系辞下传》记载："包牺氏没，神农氏作。"其意是说，伏羲氏死后，神农氏继位。《易传·系辞下传》又说："神农氏没，黄帝尧舜氏作。"这是说，神农氏死后，黄帝、尧、舜相继继位。远古人民过着渔猎采集的生活，神农最先用木制作耒耜，教民农耕。这曲折地反映了原始时期先民由采集渔猎到农业生产的进步情况。又传说他尝遍百草，发现药材，教人治病，有德政。

还有一说，认为神农就是炎帝。关于这个说法，坚持者有之，反对者亦不在少数。其实，司马迁在《史记·五帝本纪第一》中已经清楚地说明了这个问题。他说：

"轩辕之时，神农氏衰，诸侯相侵伐，暴虐百姓，而神农氏弗能征，于是轩辕乃习用干戈，以征不享，诸侯咸来宾从，而蚩尤最为暴，莫能伐。炎帝欲侵陵诸侯，诸侯咸归轩辕，轩辕乃修德振兵，治五气，艺五种，抚万民，度四方，教熊、罴、貔、貅与炎帝战于阪泉之野。三战，然后得其志。蚩尤作乱，不用帝命，于是黄帝乃征师诸侯，与蚩尤战于涿鹿之野，遂禽杀

神农像

蚩尤，而诸侯咸尊轩辕为天子，代神农氏，是为黄帝。"

其中，轩辕即黄帝。其他大人物分别是神农、炎帝、蚩尤，加上黄帝，共计四人。也就是说，在司马迁那个年代，神农和炎帝是两个不同的人。

05 炎帝

炎帝，又称赤帝、烈山氏。传说为远古时期部落首领，与轩辕黄帝同为中华民族的始祖。俩人不仅同为中华民族的始祖，而且传说还是一奶同胞的兄弟。当然，弄清楚这些，还得从炎帝的母亲说起。炎帝的母亲是谁？史传有两个说法。

第一个说法，其母为有娇氏。《国语·晋语》记载："昔少典氏娶于有娇氏，生黄帝、炎帝。黄帝以姬水成，炎帝以姜水成。"这是说，有熊国的国君少典娶妻有娇氏，生二子，一个是黄帝，一个是炎帝。黄帝成长于姬水之滨，炎帝成长于姜水之滨。于是，黄帝为姬姓，炎帝为姜姓。

第二个说法，相传其母名女登。一日，女登游华阳，被神龙绕身，感应而孕，生下炎帝。炎帝的长相奇特。传说炎帝人身牛首，头上有角。史家分析，说炎帝长了个带角的牛首，是古代以牛为其氏族图腾的一个形象反映。尊重牛，很可能是因为牛作为生产工具的重要组成部分，进入了农业生产领域。这就标志着此时的社会，很可能已经由渔猎时代转向了农耕时代。炎帝是这个转型时代的一个形象的代表。

炎帝的出生地，至今没有定论。事实上，炎帝是一个传说中的神化了的人物。他是中国先民集体智慧的集中体现。

炎帝是个神仙，与平常人完全不同。炎帝少而聪颖，三天能说话，五天能走路，三年知稼穑之事。为什么叫炎帝？

炎帝生于烈山石室，长于姜水，有圣德，以火德王，故号炎帝。

炎帝和黄帝虽传说是兄弟，但也曾大打出手。炎帝一族最初的活动地域在今陕西的南部，后来沿黄河向东发展，与黄帝发生冲突。在阪泉之战中，炎帝被黄帝战败，炎帝部落与黄帝部落合并，组成华夏族，所以今日中国人自称为"炎黄子孙"。

炎帝晚年巡游南方时，积劳成疾，不治身亡；还有一说，认为炎帝发现草药，因尝百草，不幸而死。不过，这样一来，又把炎帝和神农混淆了，我们且姑妄听之。

炎帝葬于何处呢？关于炎帝神农氏安葬地的记载，最早见于晋代皇甫谧撰写的《帝王世纪》，炎帝"在位一百二十年而崩，葬长沙"。宋罗泌撰《路史》记述得更具体，认为炎帝"崩葬长沙茶乡之尾，是曰茶陵。"据地方史料《酃（líng）县志》记载，此地西汉时已有陵，西汉末年，绿林、赤眉军兴，邑人担心乱兵发掘，遂将陵墓夷为平地。唐代，佛教传入，陵前建有佛寺，名曰"唐兴寺"。虽然佛教传入，但陵前仍"时有奉祀"炎帝。 如今，炎帝陵位于湖南省株洲市炎陵县鹿原镇境内。该陵始建于西汉年间，号称"神州第一陵"。陵殿为五进，即午门、行礼亭、主殿、墓碑亭、墓冢。殿外有咏丰台、天使馆、圣德林、鹿原亭等附属建筑。当然，古有"八世炎帝"之说，葬于鹿原镇的乃八世炎帝。陕西省宝鸡市亦有炎帝陵，据说那是一世炎帝和二世炎帝的故乡。

06

黄帝

黄帝是中华五帝之首。五帝即黄帝、颛顼（zhuānxū）、帝喾（kù）、尧、舜。五帝大约在公元前二十六世纪至约公元前二十一世纪初。黄帝是中华民族的创始祖。

黄帝的降生极富神秘色彩。黄帝是少典的儿子，姓公孙，名轩辕。那么，其父少典是谁呢？据说，少典来历不凡。他是伏羲帝和女娲帝的直系第七十七代帝，是有熊国的国君。有熊国位于现在的河南新郑的轩辕丘一带。少典有一位妇人名叫附宝，也是神仙一类的人物。

关于黄帝的出生有四个版本：

第一个版本，是天帝托胎而降的。

第二个版本，是雷神下凡而生的。

第三个版本，是电光击打而孕的。说附宝被电光击打，由此怀孕，孕期长达二十四个月，最后生出了黄帝。

第四个版本，是飞龙演变而来的。刚生下时是"黄龙体"，并长着奇特的"四面"，即是说，四面都有脸。他生下来，就能驾驭百神，控制四方，主司风雨雷电，进而成为创造天地万物之神。

这四个版本，都在说明黄帝不是一个平常的凡人，而是一位造福人类的神仙，是"生而神灵，弱而能言"。他的先世不凡，他的出生不凡，他的长相不凡，他的作用不凡。他是一位充满神秘色彩的非凡的神仙。

黄帝的创业充满艰难曲折。当时，中国境内居住着许多民族。有一个族叫诸夏，诸夏因居住地域的差别，分为两个支派：一派是姜姓的炎帝，一派是姬姓的黄帝。黄帝族和炎帝族属于兄弟族，都是有熊氏国君少典的后裔。

从《史记》的记载来看，轩辕的时代，天下大乱，诸侯互相征伐。主要是居于领导地位的神农氏势力衰减，各路诸侯乘势崛起，"神农氏世衰，诸侯相侵伐，暴虐百姓"。而神农氏"弗能征"，不能够征伐压服作乱的诸侯。在这种情况下，具有远见卓识的轩辕，"习用干戈"，扩充军备，积极备战，并投入军力，讨伐不服从的诸侯，"以征不享"，逐渐地"诸侯咸来宾从"。

当时主要有三股政治军事力量。一股是轩辕，一股是蚩尤，一股是炎帝，"而蚩尤最为暴，莫能伐"，蚩尤是一块难啃的骨头，只得先放一放。炎帝这股力量不能小瞧，他还时不时地侵凌其他诸侯。因此，各路诸侯都向轩辕靠拢，"诸侯咸归轩辕"。

轩辕审时度势，看到目前举兵不利，所以，他同其他两股力量寻求暂时的和平，而修炼内功。"轩辕乃修德振兵，治五气，艺五种，抚万民，度四方"，积极从事物质和精神两个方面的准备。

黄帝的一生曾先后打了两次大仗。

第一次是与炎帝打的。战争的原因是因为"炎帝欲侵凌诸侯"，诸侯没有办法，到轩辕那里求救，"诸侯咸归轩辕"。条件成熟了，轩辕向炎帝发起攻击，"与炎帝战于阪泉（今河北省涿鹿县东南，一说今山西省运城解池附近）之野"。此战轩辕取得了胜利，"三战，然后得其志"。

第二次是与蚩尤打的。战争的原因，司马迁说："蚩尤作乱不用帝命。于是，黄帝乃征师诸侯"。一种传说，炎帝遭到了蚩尤的侵袭。蚩尤是南方九黎族的首领，是

黄帝像

个妖怪。据说他长相奇特，剽悍异常。他头上长有犀利的犄角，四只眼睛，六只手，脸上的鬓毛硬如刀剑，牛一样的蹄子。牙齿锋利，吃的是铁块、石头和沙子。不仅如此，他还有八十一个兄弟，实质是八十一个部落，个个如凶神恶煞。蚩尤打败了炎帝，并对轩辕虎视眈眈。炎帝向轩辕求救。于是，轩辕和炎帝组成联盟，共同抗击蚩尤的侵犯。

不管是哪种传说，总之，"黄帝乃征师诸侯，诸侯与蚩尤战于涿鹿之野，遂擒杀蚩尤"。最终，他们在涿鹿（今河北省涿鹿县）之野展开决战，杀得昏天黑地，人仰马翻。轩辕终于活捉了骁勇善战的蚩尤，并将其处死。自此，迎来了天下太平。"而诸侯咸尊轩辕为天子，代神农氏，是为黄帝"。就这样，黄帝成为统一诸夏族的第一人。

黄帝族和炎帝族合并，统称华夏族。华夏族就是汉族的前身。华夏族认为自己居于中原大地的中心地带，是鲜花之中心，因此，自称中华（花）。原来是指黄河流域一带，后来凡是其统辖的地方就都称为中华，亦称中国。延续至今，中华民族就成为我国五十六个民族的总称，黄帝就自然成为我们中华民族的始祖。

黄帝的举措堪称文明的开端。在统一后的中华大地，黄帝意外地得到了象征国家权力的宝鼎，"获宝鼎"，这是上天授予黄帝权力的有力证明。黄帝大展宏图，开疆扩土，定鼎四维，政通人和，百废俱兴。据说，黄帝的妻子是嫘（léi）祖，"嫘祖为黄帝正妃"，嫘祖发现了蚕丝；黄帝的史官是仓颉（jié），仓颉发明了文字；黄帝的臣子大挠（náo），创造了干支历法；黄帝的乐官伶伦，制作了乐器。

总之，黄帝鼓励发明创造，倡导发展文化。在他的倡导下，开辟了道路，建筑了宫室，发明了车船，节约了器物，抽出了蚕丝，漂染了衣服，创造了文字，发现了音律，顺应了四时，做出了干支。在物质文明和精神文明两个领域，黄帝都取得了骄人的伟大成果，使中华民族从此走上了文明的康庄大道。从野蛮到文明，这个领路人就是中华民族的始祖黄帝。

因此，黄帝是中华民族的人文初祖或文明始祖，评价准确，当之无愧。

陕西省黄陵县有轩辕黄帝陵。《史记·五帝本纪第一》记载："黄帝崩，葬桥山。"桥山，《尔雅》云："山锐而高，曰桥也。"此山又尖又高，故称桥山。桥山位于陕西省黄陵县城北，山下沮（jǔ）水流过，山上古柏万棵。轩辕黄帝便安卧于此。

该陵始建于春秋时期，历经数千年，号称"天下第一陵"。陵内有轩辕手植柏，相传为轩辕黄帝亲手所植。此柏高十九米，树干下围十米，中围六米，上围两米，遒枝苍劲，柏叶青翠。前行有碑亭，亭内立有毛泽东手迹"祭黄帝陵文"和蒋中正手迹"黄帝陵"碑石。如今，这里成为一个圣地。世界各地的炎黄子孙，纷至沓来，凭吊先人，礼拜始祖。

07 颛顼

颛顼（zhuānxū，前2514—前2437年），也称姬颛顼、帝颛顼、颛顼帝或玄帝颛顼。颛顼乃黄帝次子昌意后裔，为五帝次席，在天神传说中是主管北方的天帝。

传说，颛顼是轩辕黄帝的孙子。《史记·五帝本纪》载："轩辕黄帝崩，葬桥山。其孙即昌意之子高阳立，是为颛顼帝也。"昌意，相传是轩辕黄帝与嫘祖的次子。轩辕黄帝生昌意，昌意生颛顼，可见颛顼是轩辕黄帝之孙。颛顼性格深沉而有谋略。十五岁时就辅佐轩辕黄帝长子少昊，治理九黎地区。二十岁即帝位，初封于高阳，建都于高阳古城（今河北省高阳县），故又称其为高阳氏。

颛顼统治时期，其部落联盟与共工氏部落联盟在中原地区因水利矛盾而发生战争。共工氏为炎帝的后裔，居九有（即九州）黄河中游河西地区（约在今河南辉县境），位于颛顼部落联盟的上游。

当时，黄河经常泛滥成灾，祸及百姓。共工氏部落为了一己之利修筑西岸河堤，将大水引至东部河堤。大水冲毁东岸河堤，殃及下游颛顼部落

颛顼像

联盟。颛顼以共工氏违反天意为由发起讨伐共工氏的战争。双方大战于澶渊（今濮阳西）。最终共工氏因寡不敌众而失败，颛顼统一华夏。

颛顼统一华夏后，进行政治改革，借以改变社会现状，巩固自己的统治。他在位七十八年，死时九十多岁。后人对颛顼的评价是：静渊有谋，疏通知事，养材任地，载时象天。

颛顼子孙很多，最著名的当数屈原。屈原在著名的《离骚》一文中，开篇第一句便是"帝高阳之苗裔兮"，表明自己是高阳氏颛顼的后裔。

颛顼陵位于河南省内黄县梁庄镇，名为"二帝陵"。二帝陵，顾名思义，乃两位帝王之陵。这里是颛顼与帝喾的合陵。颛顼陵居东，帝喾陵居西，两陵相距六十米。陵墓四周有围墙，称"紫禁城"。史书记载，二帝陵建筑宏伟，碑碣林立，松柏蓊郁。历代帝王祭祀不绝，宋代以后列为定制。农历三月二十八日为颛顼

帝诞辰日，民间祭祀大张旗鼓，热闹非凡。后因黄河泛滥，风沙肆虐，到清朝同治年间，陵墓和建筑群全部被黄沙掩埋于地下。

1986年以来，当地政府对二帝陵进行了三次大规模的清沙、钻探和开发建设，原有的山门、宋井、庙宇、碑亭、陵墓、围墙和多条甬道，相继重见天日；挖掘出一百六十五块御制祭祀碑，大量仰韶、龙山文化陶片及其他文物碎片。如今，二帝陵已成为河南省"省级文物保护单位"。每年农历三月二十八日颛顼诞辰日，当地政府都隆重举行盛大的公祭大典。

帝喾

08

帝喾（kù）是轩辕黄帝的曾孙，五帝之第三帝。相传帝喾生于穷桑（西海之滨），其祖父少昊，是轩辕黄帝与正妃嫘祖的大儿子，父亲名蟜极，颛顼是其伯父。颛顼死后，帝喾继位。

帝喾即位后，以亳（河南商丘）为都城，时年三十岁。因他兴起于高辛，史称高辛氏。传说，帝喾制定了四时节令。帝喾见百姓耕作辛苦，效率很低，便根据天象，总结四季气候变化规律，成功地创造了四时节令。他在位七十年，天下大治，人民安居乐业。帝喾享寿一百零五岁，死后葬于辛。辛即河南省商丘市高辛镇。

除河南省内黄县的二帝陵

帝喾像

外，河南省商丘市还有一座帝喾陵。该陵始建于西汉年间，后经历代重修，保存良好。陵前原有帝喾祠、禅门等古建筑，还有大量的碑刻。

09

唐尧

帝唐尧，祁姓，名放勋，号陶唐，谥曰尧，故史称唐尧。帝喾之子，五帝之第四帝。传说为陶唐部落长官，炎黄部落联盟首领。道教尊奉的创世神之一。

陶唐部落为黄帝嫡裔，原居冀方（今河北唐县附近），后迁晋阳（今山西太原）。尧出任联盟首领后，又迁平阳（今山西临汾）。相传他活了一百十八岁，在位七十年。

唐尧的功绩很多，后代耳熟能详的有用鲧（gǔn）治水和禅位于舜。传说，唐尧时期发生大洪水，民不聊生。唐尧

便命鲧前去治水。鲧，一说是轩辕黄帝曾孙，与唐尧同辈；一说是天上神仙，偷了天帝的宝贝息壤，前来人间治水，后被天帝发现，派祝融将其杀死。无论鲧是人还是神，他并没有制服洪水。

禅位于舜。舜在年轻的时候，就以孝顺继母闻名天下。尧帝当时正在为继承人的事情发愁，便征询四方诸侯长老（四岳）的意见。四岳异口同声地推荐了舜。要做尧帝的继承人，必须要尧帝的两个女儿为妻。于是尧帝就用耕历山、渔雷泽、陶河滨、作什器、跑

唐尧像

生意等五种方法考验舜。三年后，唐尧对舜的能力和品德均非常满意，便将自己的两个女儿娥皇、女英嫁给舜，然后禅位于舜。

司马迁在《史记》中写道："尧曰：终不以天下之病而利一人，而卒授舜以天下。"对唐尧，孔子给予很高的评价："大哉，尧之为君也。巍巍乎！唯天为大，唯尧则之。"后世人们建立尧庙尧陵，用以纪念唐尧。

山西省临汾市有尧庙。该庙始建于晋代，历经重修，现存为清代遗物。庙内有五凤楼、尧井亭、广运殿、寝宫等建筑。广运殿内塑有唐尧及侍者像。庙内存有碑十余通，载唐尧功绩及庙宇建造经过。清代皇帝非常重视尧庙，康熙帝、光绪帝和慈禧太后都曾巡幸此地。

尧庙东北有尧陵。尧陵始建于唐朝初年，经历代重修，保存完好，现为全国重点文物保护单位之一。

10

虞舜

虞舜，姓姚，名重华，字都君，史称虞舜。颛顼的六世孙，五帝之第五帝。虞舜的父亲瞽叟是个盲人，其母握登在姚墟生下了他。他是道教尊奉的创世神之一。

关于虞舜，因年代久远，典籍缺失，故其生平含有很多争议。

1. 籍贯：

一说冀州，一说东夷。

2. 出生地：

其一，姚墟说。一说姚墟（河南濮阳）；二说余姚（浙江余姚）；三说浙江上虞。姚墟说比较认可浙江余姚。

其二，诸冯说。一说为山东诸城；二说为山西临汾。诸冯说比较认可山东诸城说。

3. 治都：

一说舜都蒲坂（山西平阳）；一说舜都潘城（河北逐鹿）。

4. 耕作之地：舜常年耕作之地历山，究竟在何处？

一说：济南市千佛山；

二说：山西省永济市中条山；

三说：山西省沁水县历山；

四说：安徽省池州市历山；

五说：山东省菏泽市鄄城县历山；

六说：浙江省永康市历山；

七说：浙江省余姚市历山。

5. 捕鱼之池：虞舜常年捕鱼之地雷泽，究竟在何处？

一说：山东省菏泽东北；

二说：山西省永济市南；

三说：甘肃省平凉地区；

四说：江苏省太湖。

唐尧禅位于舜的故事，笔者前面已经说过。舜继位后，其国号为"有虞"，故史称虞舜。帝舜、大舜、虞帝舜、舜帝，皆虞舜之帝王号。他在位五十年，终年一百岁。

湖南省永州市九嶷山有舜帝陵。该陵始建于夏，是中国最古老的陵墓。到明朝初年，因久疏维修，舜帝陵已破败不堪。2005 年 4 月，永州市政府筹资开始重新修复此陵。同年 9 月，工程告竣。

舜帝陵陵区由陵山、舜陵庙、神道及陵园组成，占地六百余亩，是全国重点文物保护单位之一。无独有偶，山西省运城市也有一座舜帝陵。

运城舜帝陵始建于唐代。清嘉庆年间遭地震摧毁，后重修，保存至今。该陵亦是全国重点文物保护单位之一。两座舜帝陵哪个是正宗的呢？

从史料上看，九嶷山舜帝陵占有优势。司马迁在《史记》中记载虞舜"葬于江南九疑，是为零陵"。这里的"九疑"就是九嶷山。不过，从祖先崇拜的角度看，无论是九嶷山舜帝陵，还是运城舜帝陵，都值得后人祭拜。

第二章

天尊神

元始天尊

元始天尊，又名"太上盘古氏玉清元始天尊"，亦称盘古大帝、玉京大天尊、太上道尊，是道教最高尊神"三清"的第一位神。"三清"是一个非常重要的道教概念，欲了解元始天尊，必须先明白什么是"三清"。

在道教神仙谱系中，最高的神为"三清"。"三清"既指天神所居住的三处胜境：玉清圣境、上清真境、太清仙境，合称三清境；又指分别居住于境的道教三位至尊神：元始天尊、灵宝天尊、道德天尊。其中，元始天尊是道教最高神祇，道教最尊崇的天神。那么，他从何而来的呢？

相传，盘古开天地后，神的躯壳已经褪去，但灵性尚存，飞翔在空中寻找归宿。盘古忽然看到美貌的太元圣女，立即喜爱上她的贞洁。于是，盘古趁太元圣女仰天呼吸之际，变身化作一道青光投入其口。不久，盘古从太元圣女的脊骨之间生出。盘古告诉圣女："我的前身是盘古，现在的称号是元始。"圣女问："什么是元始？"元始天尊回答："元的意思是本。始的意思是最初、先天的气息。这气息化为开天辟地的人就是盘古；化为主持天界宇宙的始祖就是元始。"按照道教的说法，元始天尊就是创世主，他超度的都是太上老君这样的高级神仙。

南北朝时期道教经典《太玄真一本际经》这样解释元始天尊："无宗无上，而独能为万物之始，故名元始；运道一切为极尊，而常处三清，出诸天上，故称天尊。"明末清初学者徐道著《历代神仙通鉴》（一名《三教同源录》）称元始天尊为"主宰天界之祖"。

据明末清初学者徐道著《历代神仙通鉴》（一名《三教

同源录》)记载，元始天尊"顶负圆光，身披七十二色"，这是元始天尊的形象。四川省成都市青羊宫始建于周代，号称"川西第一道观"。宫内有三清殿，供奉元始天尊像。该像为贴金泥塑，高逾九米，堪称精品。

元始天尊像

道教源流

道家三清，《新刻出像增补搜神记》，
明金陵唐氏富春堂刊本，明万历元年（1573）

12

灵宝天尊

灵宝天尊，又称太上道君、上清灵宝天尊，原称上清高圣太上玉晨元皇大道君。道教最高尊神"三清"的第二位神。南朝梁陶弘景编撰的《真灵位业图》，将其列在第二神阶之中位。

灵宝天尊，又称太上道君。相传，在宇宙未形成之前，灵宝天尊还是混沌状态所生的"玉晨之精气，九庆之紫烟"。后凝苞为元神，托胎母氏。元母怀胎三千七百年诞生了灵宝天尊，住在上清境的玄都玉京仙府。他有侍卫金童、玉女各三十万人，万神朝拜，超度之人不计其数。他对于好学向问之人，从不吝赐教。他有三十六变、七十二化，人们随时随地都可以看到他。这点和佛教的观音菩萨很像，但其

影响力远不如观音。他与观音菩萨相同的都是普度众生。

在道教的三清殿中，灵宝天尊常供奉在元始天尊的左边，手持太极图或如意。拜《封神演义》之赐，灵宝天尊还有一个老百姓耳熟能详的名字——通天教主。每年夏至，是灵宝天尊的圣诞日。这天，信众们会将灵宝天尊供奉为主神。

13

道德天尊

道德天尊，又称太清道德天尊、太上老君，居道教最高尊神"三清"的第三位，是道教初期崇奉的至高神。其原形为春秋时思想家、道家学派创始人老子，是依据老子的形象演化而来的。有关老子的内容，笔者将在

"太上老君"一节中予以详细介绍。

老子作为道教学派的创始人，为何屈居"三清"的末席呢？道教创立时，佛教在中国传播不久。佛教有三世佛之说，即前世燃灯佛、现世释迦牟尼佛、未来弥勒佛。而道教只有老子一人，竞争之下显得势单力孤，于是后世道教传播

道德天尊，明代徽派版画，选自《仙佛奇综》，此套大致为明万历三十年（1602）序刊本

者创造出来元始天尊和灵宝天尊。他们"一气化三清"，将元始天尊与盘古结合在一起，使其成为道教第一神，让其普度众仙；让灵宝天尊普度众生。这样太上老君老子就只能屈居道教第三神了。

14

玉皇大帝

玉皇大帝，全称"昊天金阙无上至尊自然妙有弥罗至真玉皇上帝"，亦称"玄穹高上玉皇大帝"，简称"玉皇大帝"或"玉皇"。他上掌三十六天，下握七十二地，天地之间，一切人鬼神怪，均由其掌握。

玉皇大帝如此能耐，他的出身也非常显赫。据道教经典《高上玉皇本行集经》载，其为光严妙乐国的王子，舍弃王位，于普明香严山中，学道修真，辅国救民，度化群生，历三千二百劫后，始证金仙，号曰清净自然觉王如来，又经亿劫，始证玉帝。

玉皇大帝这个称呼是何时出现的，众说不一。有的论者认为，唐朝以前没有玉皇大帝的称谓。但也有的论者认为，在六朝以前就有了玉皇大帝的称谓了。到了唐朝，玉皇大帝的称谓就很普遍了。比如，唐朝大诗人李白就写诗道："不向金阙游，思为玉皇客。"唐朝诗人赋诗引用"玉皇"一词，所在多有。

到了宋朝，玉皇大帝的地位有了空前的提高，达到了登峰造极的地步。据《宋史·礼志七》记载，宋真宗大中祥符八年 (1015)，皇帝赵恒"上玉皇大帝圣号曰太上开天执符御历含真体道玉皇大天帝"。宋徽宗政和六年 (1116)，皇帝赵佶又"上玉帝尊号曰太上开天执符御历含真体道昊天玉皇上帝"。

玉皇大帝是道教权力最大

玉皇大帝像

的神，在道观中都要供奉的。凡是玉皇阁、玉皇庙和玉皇观，里面都有玉皇大帝的造像。玉皇大帝的生日是农历正月初九日，叫玉皇诞。这一天，道观要举行盛大的祝寿道场，庆祝玉皇大帝的诞辰。腊月二十五日是玉皇大帝的出巡日。据说，这一天玉皇要下界巡视考察人间的善恶祸福。道观要举办道场，迎接玉皇的圣驾；民间也要接送玉皇。

虽然玉皇大帝很厉害，但在道教中，他仍居"三清"之下，是"三清"的辅佐神。"三清"有四位级别最高的辅佐神，又称"四御"。他们是：玉皇大帝、紫微大帝、南极大帝、后土皇地祇。此外，道教还有"六御"说，即加上了天皇大帝和青华大帝。

紫微大帝

紫微大帝，全称为"中天紫微北极太皇大帝"，是道教辅佐神"四御"中的第二位神。紫微和北极均指北极星，北极星又称北辰。北宋张君房著《云笈七签》认为："北辰星者，众神之本也。"意思是说，北辰星位于天之最中，永久不动，"故最高最尊为众星之主也"。

紫微大帝从何而来呢？相传，几十亿万年前的龙汉初劫时期，周上御国的紫光夫人（即斗姆元君）于上春日到温玉池沐浴。她刚刚脱去华裳，便感"莲蕊九苞"，遂产下九子。紫光夫人将他们抱回宫中，抚养教育，誓要让孩子们成为圣哲。九子亦不负母亲期望，各自圆满修行，终于成为栋梁，受到"三清"重用。其长子是天皇大帝，次子就是紫微大帝。至于余下七兄弟，则是北斗星君。

紫微大帝是道教神系中仅次于"三清"和玉皇大帝的高位神。不过，如果按"六御"算的话，其兄天皇大帝排名在紫微大帝前一位。紫微大帝的生日是农历四月十八日。每到这天，信众便会主祀他，祈求消灾纳福。随着民间对紫微大帝信仰的不断加深，他又成了跨界神，即佛道两教均供奉紫微大帝。明代，紫薇大帝被纳入佛教神仙谱，成为"二十四天"之一。

16

南极大帝

南极大帝，全称为"勾陈上官南极天皇大帝"。勾陈，又称"钩沉"。这是一颗寿星，所以民间又称南极大帝为"南极仙翁""南极老人星"。南

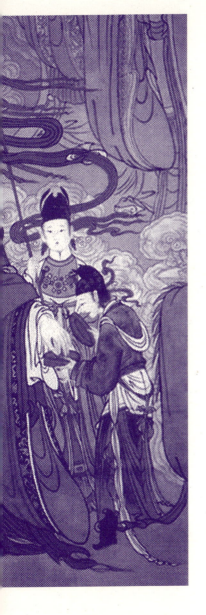

南极大帝像

极大帝是道教辅佐神"四御"中的第三位神,其出身更是显赫。

相传,南极大帝是元始天尊的长子。元始天尊自玉京下山游玩,与太元圣母相遇,结为夫妻。俩人共育八子,长子就是南极大帝。南极大帝一身三名,即南极长生大帝、九龙扶桑日宫大帝、高上神霄玉清王。他看到世间众生之苦难,心生怜悯,便向父亲元始天尊讨教解救三界之术。元始天尊即授给他《高上神霄玉清真长生护命秘法》。从此,南极大帝成了长寿和身体健康的守护神。

南极大帝的诞辰日是农历五月初一日。

17

后土皇地祇

后土皇地祇，全称是"承天效法厚德光大后土皇地祇"，是道教辅佐神"四御"中的第四位神。她是主宰大地山川的女性神。人们常说的"天公地母"，天公是玉皇大帝，后土皇地祇就是地母。

后土最早是做什么的？典籍说法不一，大体有三种说法：一是炎帝的后裔；二是黄帝的辅佐；三是幽都的主宰。

第一说，炎帝的后裔。《山海经·海内经》记道："炎帝之妻，赤水之子听沃生炎居，炎居生节并，节并生戏器，戏器生祝融，祝融降处于江水，生共工……共工生后土。"是说炎帝传至六代到共工。共工是古代神话传说中的水神，人面、蛇身、朱发。共工生下了后土。也就是说，后土是炎帝的七世孙。

第二说，黄帝的辅佐。《礼记·月令》记道："中央土，其日戊巳，其帝黄帝，其神后土。"西汉刘安著《淮南子·时则》："中央之极，自昆仑东绝两恒山，日月之所道，江汉之所出，众民之野，五谷之所宜，龙门河济相贯，以息壤埋洪水之州。东至于碣石。黄帝、后土之所司者万二千里。"根据这个记载，黄帝和后土，不仅是同时代的伙伴，而且是亲密的搭档。黄帝是帝王，后土是灵魂。他们的职司是掌管广袤大地。这块广袤的大地，西至高耸的昆仑，东到浩瀚的大海，约一万二千里。碣石是海洋的标志。

第三说，幽都的主宰。《楚辞·招魂》记道："魂兮归来，君无下此幽都些。"王逸注："幽都，地下后土所治也。地下幽冥，故称幽都。"幽都，指阴间。是说后土是阴间的主宰。

以上三说，似乎第二说得到了发展。

后土皇地祇最初的形象是男性。《国语·鲁语》记载："共工氏之伯九有也，其子曰后土，能平九上，故祀以为社。"这是说，共工氏有子，名后土，是地神。还有一种说法，认为后土皇地祇是颛顼之子。《山海经》甚至将后土皇地祇写成夸父的爷爷。隋代以后，后土皇地祇开始以女性神仙形象出现。民间尊其为"后土娘娘"，将其供奉在后土祠中。

山西省万荣县西南四十公里处庙前村的汾阴后土祠（秋风楼），是神州大地上最古老的后土娘娘庙。古代帝王即位，都要郊祀社稷。万荣后土祠，是明以前历代帝王祭祀后土的庙宇。后土祠是海内祠庙之冠，北京天坛之源。它作为华夏根祖文化的源头，已越来越显现出其深邃的历史文化内涵。

据祠中保存完好的《历朝立庙致祠实迹》碑记和《蒲州

府记》记载，"轩辕氏祀地祈扫地为坛，于脽（suī）上，二帝八员有司，三王泽岁举"。是说在四千多年前的轩辕氏时，在脽水岸边，扫地筑坛，选择吉日良辰，二帝三王八大员出席，举行了隆重的祭祀后土的典礼。

据北宋司马光主编的《资治通鉴》记载，汾阴后土祠正式建庙，始于汉文帝后元年（前163）。汉代祭祀后土形成了制度，每三年皇帝都要来这里举行一次大祭。汉文帝创建了秋风楼，以示尊崇。汉武帝刘彻，东岳封禅，汾阴祀土，并于汉武帝元鼎四年（前113）扩建汾阴后土祠，改庙为祠，定为国家宗祠，作为巡行之地。他一生曾八次祭祀后土，规模巨大，仪式崇隆，并创作了脍炙人口的千古绝赋《秋风辞》。据传，汉武帝刘彻巡视河东祭祀后土庙时，正值晚秋，于是在汾河舟中欢宴群臣，慷慨高歌，写下了《秋风辞》。汉昭帝、汉宣帝、汉元帝、汉成帝、汉哀帝和东汉光武帝等先后来此祭祀达十一次之多。

唐时，唐玄宗李隆基于开元年间（713—742），三次来此祭祀，并扩建祠庙。宋真宗赵恒大中祥符四年（1011），也来此祭祀。为彰显对这次祭祀活动的重视，他还拨款对后土祠进行精心修葺。明万历年间，因黄河泛滥，后土祠陷入黄河。经先后两次迁建，又均被黄河吞没。现存建筑是清穆宗同治九年（1870）新选庙址重建。明清时皇帝祭祀后土的仪式，迁至北京天坛。

清世祖顺治十二年（1655）黄河泛滥，后土祠淹没，只留下门殿及秋风楼。清圣祖康熙元年（1662）秋，黄河决口，后土祠荡然无存。

清穆宗同治九年（1870），荣河知县戴儒珍将此祠移迁于庙前村北的高崖上，这就是现在的后土祠。庙内现存建筑有山门、井台、献殿、香亭、正殿、秋风楼、东西五虎配殿等，

建筑宏伟，结构精巧。后土娘娘塑像，位居大殿正中，供人们膜拜瞻仰。山门与井台组成国内罕见的品字形戏台，对研究中国古代舞台形制提供了重要例证，具有极高的历史艺术价值。

位于祠的最后处的是秋风楼，因藏有元世祖至元八年（1271）镌刻的汉武帝《秋风辞》碑而得名。凭河而立，崇峻壮丽。楼分三层，砖木结构，十字歇山顶，高32.6米。底部筑以高大的台阶，东西贯通。其上各雕横额一方，东曰"瞻鲁"，西曰"望秦"。正面门额嵌有《汉武帝得鼎》和《宋真宗祈祠》石刻图，线条流畅，形象逼真。

据刘敦桢主编的《中国古代建筑史》载，北宋后土祠是按照最高标准修建的，与文献所载北宋东京宫殿大致相同。北京故宫在建筑布局和技法上，继承了万荣汾阴后土祠的建筑特点。

现存的后土祠，成为民间

祭祀的庙宇。其规模虽不及唐宋时之壮观，但其布局严谨完整，仍为国内后土祠庙之冠。近年各界人士，寻根问祖，祭祀后土，络绎不绝。农历三月十八日是其诞辰日，信众在当天主祀后土皇地祇，以求赐福消灾。

后土皇地祇像

太上老君

太上老君是道教对老子的尊称，中国历史上确有其人。据西汉司马迁所撰《史记》记载，老子姓李，名耳，字聃，是道家学派的创始人。

据《史记·老子韩非列传》，老子是著名学者，曾经担任周王朝的守藏室史，相当于现今的国家图书馆或博物馆馆长，当时就是一位大师级的名人。孔子很钦佩他，曾经向他问过古礼。后来，因为周室内乱，老子辞职，漫游到函谷关。函谷关的关长尹喜是一个虔诚的道家，对老子非常敬佩，请老子著书立说，老子就写下了《老子五千文》，亦称《老子》《道德经》。

老子被神话始于东汉年间。益州太守王阜作《老子圣母碑》云："老子者，道也。乃生于无形之先，起于太初之前，行于太素之元，浮游六虚，出入幽冥，观混合之未别，窥浊清之未分。"就这样，老子被逐渐神化了。

此后，老子的出生亦被神化。据说，老子降生时恰巧看到一棵李树，他"生而能言"，指着李树说："这棵树就是我的姓了！"

老子的相貌也被神话了。东晋葛洪著《神仙传》说："（老子）身长八尺八寸，黄色美眉，长耳大目，广额疏齿，方口厚唇。"老子的耳朵不仅长，而且还"耳有三漏"，即是说，他每个耳朵上有三个孔。这表明老子耳聪目明，可以眼观六路，耳听八方。东汉名著《白虎通·圣人》说："禹耳三漏，是谓大通。"可见，老子的耳朵与大禹的耳朵如出一辙，均有神通。

神话了的老子被一个人相中了，他就是张道陵。东汉顺帝时（126—144），张道陵在巴蜀鹤鸣山创立五斗米道。据传，张道陵在传教布道时作的《老子想尔注》称："一散形为气，聚形为太上老君，常治昆仑，或言虚无，或言自然，或言无名，皆同一耳。"老子首次在道书中被命名为太上老君。从此，老子被神化为道教教祖，长期受到教徒的尊奉。

唐朝对老子的崇拜达到了极点。唐朝皇帝姓李，对本家姓李的老子格外关注。皇帝欲坐稳江山，就必须想方设法杜撰君权神授的神话。唐朝皇帝尊道教为国教，道教的地位得到极大的提高。唐太宗推崇《道德经》。唐高宗、唐玄宗又先后为老子加封尊号，推为

老子像

宗室远祖。

太上老君的尊崇在道教中具有极为特殊的地位。各地太清宫、老君殿等道教观宫均是供奉太上老君之所。其中，陕西省周至县的楼观台尤为特殊。

周至县的楼观台已经有3000年的历史，是老子著书立说、传道讲经的道教发祥地，被称为仙都。这里现在已经建成了国家森林公园，供游人观瞻。此地素有"天下第一福地""洞天之冠"之美誉。这里的道教遗迹十分丰富，有说经台、化女泉、系牛柏、老子墓、宗圣宫等。说经台大殿有三尊塑像，中间的是老子，两侧的是尹喜和徐甲。徐甲是个不安分的弟子。离说经台不远处，有化女泉，传说是老子考验徐甲时，气愤地用铁棒猛然捅地而成。说经台西北处有一棵古柏，传说是当年老子骑牛入关时，拴系青牛的树木，叫系牛柏。而老子墓则在化女泉以西三公里处，墓冢呈椭圆形，高四米，占地二十平方米。

古时，此处有吾老洞道观，据说藏有老子头骨，如今已荡然无存。

王母娘娘

19

王母娘娘，又名王母、金母、西姥、西王母。中国古代神话中的女神。明洪应明著《仙佛奇踪》卷一记载："西王母，即龟台金母也。得西华至妙之气，化生于伊川。姓缑，讳回，字婉妗。配位西方，与东王公，共理二气，调成天地，陶钧万品。凡上天下地女子之登仙者，咸所隶焉。"就是说，西王母，名缑回，字婉妗；生在伊川。

还有一说，认为王母娘娘是元始天尊之女。据东晋葛洪著《枕中书》载，元始天尊与太元圣母通气结精，生九光真王母，号曰太真王母，即西王母。

西王母的形象和地位有过三次重大变化。她的形象一次比一次漂亮，地位一次比一次显赫。

第一个形象，《山海经》云："其状如人，豹尾虎齿，善啸，蓬发戴胜。"即是说，王母长得像人，有一口虎牙，一条豹尾，善于吼叫，头发散乱，戴着头饰。这是个半人半兽的形象。据说是职掌瘟疫、刑罚的怪神。

第二个形象经文人的增饰，其形象和地位都有很大变化。在晋朝文学家郭璞所著的《穆天子传》里，成为一个与人间天子同席饮宴，雍容平和的女王。她和周穆王酬酢赋诗，应答自如。这里的西王母已经摆脱了兽气，变成了一个天仙。

第三个形象，在东汉文学家班固撰写的《汉武帝内传》一书中，王母娘娘则成为年约三十、容貌绝世的女神。有的书上说，西王母"若十六七女子"。西王母有大群仙姬随侍，并受人间汉武帝礼拜。西王母又拥有了长生不死的长寿药，还得到了三千年结一次果的蟠桃。她的地位跃进了一个大台阶。西王母把独一无二的蟠桃赐给了汉武帝，汉武帝受宠若惊。

在唐末道教学者杜光庭所著的《墉城集仙录》里，西王母更成为掌管女仙名籍的神仙领袖。世之升天之仙，"其升天之时，先拜木公，后谒金母。受事既讫，方得升九天，入三清，拜太上，觐元始天尊。"

文人又给西王母初期的形象平反，讨好地说："蓬发戴胜，虎齿善啸者，此乃西王母之使，金方白虎之神，非王母之真形也。"说那个半人半兽的家伙，不是王母，而是王母的使者。

因《汉武帝内传》里有王母赐蟠桃给武帝的情节，后世小说、戏曲多据此，衍为西王母设蟠桃盛会的故事。每当蟠桃成熟时，西王母大开蟠桃寿宴，诸仙都来为她上寿。《淮南子》《搜神记》等又有"羿请不死之药于西王母，姮（héng）娥窃以奔月"的记载，故旧时民间又视西王母为长生不死的象征。

最近，一些学者提出了全新的见解，认为王母娘娘历史上确有其人，是部落的女酋长。考古学者甚至找到了西王母当年的住处。青海省天峻县西南二十公里处，有一座独立的小山。山的西侧有一个深几

王母娘娘像

十米的山洞，据学者考证，这是五千多年前西王母古国女首领的居所。石洞内有千姿百态的岩画，以及过往僧道题写的经文和绘画的经画。石洞的对面曾建有西王母寺，现已坍塌损毁，不见踪影。

王母娘娘的出道日是农历三月初三日，诞辰日是农历七月十八日。

20

三官大帝

三官大帝，即上元一品天官赐福大帝，中元二品地官赦罪大帝，下元三品水官解厄大帝。他们在民间能够家喻户晓，应该感谢五斗米道。

五斗米道以三官大帝为信仰。张道陵创立五斗米道后，一方面尊老子为教祖，传授老子《道德经》；另一方面以天、地、水为三官，信其能通鬼神，主管病人请祷。请祷方法主要见于西晋陈寿著《三国志·张鲁传》载："书写病人姓名，说服罪之意，作三通，其一上于天，著山上；其一埋于地；其一沉于水，谓之三官手书。"认为三官能为人赐福、赦罪、解厄，即天官赐福、地官赦罪、水官解厄。明朝文学家罗贯中在《三国演义》第五十九回介绍太守张鲁时，就详细叙述了其祖张道陵宣扬三官敬仰之事。此后这种信仰一直盛行到唐代。

三官大帝的出现源于原始宗教对天、地、水的自然崇拜。天上有云有雨有雪有日月星辰，地下有山有土有鸟有人畜草木，水中有鱼有虾有龙有江河湖海，这些都与人类的生活息息相关。三官大帝代表它们，受到人们的信仰也就不足为怪了。

有关三官的来历，还有如下的传说。据《三教源流搜神大全》记载，昔日有美男子陈子寿，被龙王三个女儿爱慕，遂三女同嫁陈子寿为妻。婚后，三女各生一子，他们都神通广大，法力无边。于是，元始天尊封长男为上元一品九气天官紫微大帝；次男为中元二品七气地官清虚大帝；三男为下元三品五气水官洞阴大帝。

此说将三官大帝的诞辰日与"三元节"联系在一起。三元节是中国传统节日，即正月十五日上元节；七月十五日中元节；十月十五日下元节。与此相对应，天官大帝诞辰日为农历正月十五日，地官大帝诞辰日为农历七月十五日，水官大帝诞辰日为农历十月十五日。因此，又称三官为"三元大帝"。信仰三官者，在三元节要进素斋，称为"三官素"。每逢三元节，人们都要到庙宇忏悔罪过，祈福免灾。

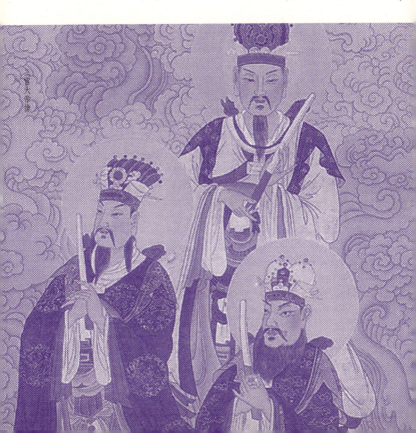

三官大帝像

第三章

星宿神

斗姆元君

斗姆元君，道教信奉的女神。传说是北斗众星之母，因此称斗姆元君。简称"斗姆"，又作"斗母元君"或"中天梵气斗母元君"。

前面我们已经了解到，斗姆元君是天皇大帝和紫微大帝的母亲。我们也知道斗姆元君即紫光夫人共育九子，那么，其他七子都是谁呢？这七子为：贪狼、巨门、禄存、文曲、廉贞、武曲、破军。这七子就是北斗七星，即北斗星君。所以，斗姆元君也被称为众星之母。

道教宫观常建斗姆室、斗姆阁，供奉的斗姆都是三目、四首、八臂。这个形象与佛教中二十诸天之摩利支天很相近。那也是位三目八臂的神仙。这也是佛道文化融合之例证。

其圣诞是农历九月初九日。信众要去斗姆宫、斗姥阁、元辰殿祭拜，祈求福寿增延。

五斗星君

五斗星君是道教敬奉的五位尊神，即北斗星君、南斗星君、东斗星君、西斗星君和中斗星君的合称。

北斗星君有七宫，主掌解厄延生；南斗星君有六宫，主延寿；东斗星君有五宫，主掌计算保命；西斗星君有四宫，主掌纪名护身；中斗星君有三宫，主掌保命。可见，北斗星君宫数最多，也最主要。

因为笔者随后将详细介绍北斗星君和南斗星君，故在此主要介绍余下三位星君，即东斗星君、西斗星君、中斗星君。

东斗星君主掌计算保命，

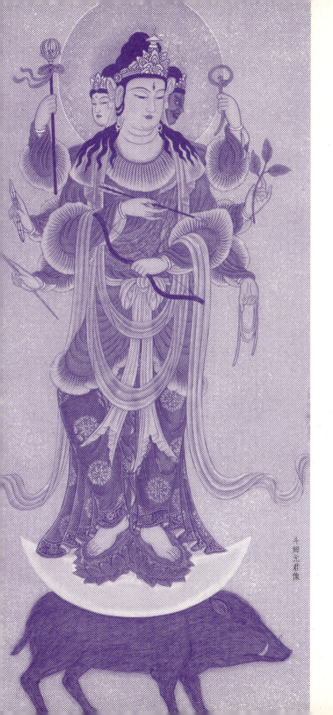

斗姆元君像

计五宫：第一宫苍灵延生星君，第二宫陵延护命星君，第三宫开天集福星君，第四宫大明和阳星君，第五宫尾极总监星君。

西斗星君主掌纪名护身，计四宫：一宫白标星君，二宫高元星君，三宫皇灵星君，四宫巨威星君。

中斗星君曰大魁，主掌保命，计三宫：第一宫赫灵度世星君，第二宫斡化上圣星君，第三宫冲和至德星君。

关于五斗星君的作用，道书《太上洞弦灵宝无量度人上品妙经》载：北斗落死；南斗上生；东斗主冥；西斗纪名；中斗大魁，总监众灵。其实，天上有北斗、南斗，并无东斗、西斗、中斗等星宿，它们不过是道教杜撰的而已。

北斗星君像

北斗星君

北斗星君又称斗斋星神、北斗真君、七斗斋星君及北斗七元星君。北斗星君是斗姆元君的儿子，天皇大帝和紫微大帝的弟弟，出身高贵。

北斗星君有七宫，即第一宫天枢星，阳明贪狼星君；第二宫天璇星，阴精巨门星；第三宫天玑星，真人禄存星君；第四宫天权星，玄明文曲星君；第五宫天衡星，丹元廉贞星君；第六宫开阳星，北极武曲星君；第七宫摇光星，天冲破军星君。

有道教说，北斗星君常与三官大帝一起巡游四方，调查人世和阴间的功过善恶。如发现犯恶者，三官大帝就会报告北斗星君，并将犯人收入地狱，永远囚于苦海之中。后来因为有东岳大帝和酆都大帝的说法，北斗星君的执掌便发生一些变化，成为专管死亡的司命神。东晋干宝著《搜神记》载明："南斗注生，北斗注死。"其义是南斗星君管理众生寿禄健康；北斗星君负责众生死丧。如果虔诚信仰北斗星君，便能长生不死，成仙升天。

24

南斗星君

南斗星君，与北斗星君并称，是道教中重要的天神。他归南极大帝直管，故亦负责人间寿禄之事。

南斗星君有六宫，即南斗六星。《星经》说道："南斗六星，主天子寿命，亦主宰相爵禄之位。"他们是第一宫天府星，司命星君；第二宫天相星，司禄星君；第三宫天梁星，延寿星君；第四宫天同星，益算星君；第五宫天枢星，度厄星君；第六宫天机星，上生星君。

有个南斗星君度人长寿的故事，流传很广。相传，三国时魏国有个叫管辂的术士，最会相面。一天他见到颜超，一看他的脸上"主妖气"，知道将不久于人世。颜超是个十九岁的小伙子，其父一听很着急，忙叫管辂想办法。管辂对颜超说："你回家后赶紧准备一坛好酒，一盘烧鹿肉。卯日那天，你到割麦地南头的大桑树下，那里有两个老翁下棋，你千万别说一句话，如此你就有救了。"颜超依言而往，果见二位老翁下棋。颜超只斟酒添肉无语。一会儿北边那人问道："你在干什么？"颜忙跪下，不语。这两位老翁刚才吃了他的酒肉，也得帮个忙。南边的那个老翁拿文书看了看对颜超说："让你活到九十岁。"颜大喜叩拜而归。果然，颜超活了九十岁。南边的老翁就是南斗星君。可惜，这个故事有个败笔。

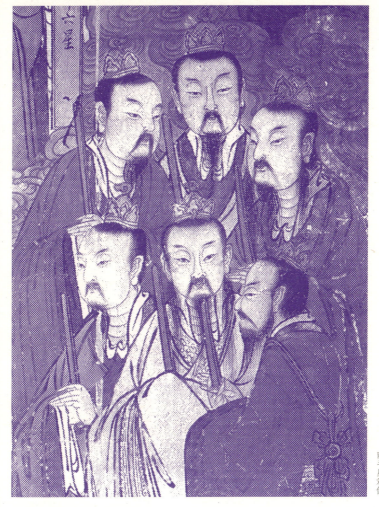

南斗星君像

管辂在历史上确有其人，
但他自己仅仅活了四十八岁。
如此会相面且能为别人延寿的

术士，为何没帮自己呢？

道教有《太上说南斗六司
延寿度人妙经》，即《南斗经》。

太白金星

读过《西游记》的朋友都会记得太白金星，一位神通广大且和蔼可亲的神仙。这是一位白须长者，手持拂尘，神态镇定，言语稳重。

太白金星，就是金星，即太阳系中接近太阳的第二颗行星。《诗经·小雅·大东》吟道："东有启明，西有长庚。"这是说，金星早晨出现于东方，称"启明星"；黄昏出现在西方，称"长庚星"，又称"太白星"。金星被道教赋予神秘力量后，就成为"太白金星"了。

太白金星最初是以女性形象出现的。太白金星最初的形象是穿着黄裙、头戴鸡冠、身材婀娜、演奏琵琶的女性神。明代以后，太白金星完全转变成为男性形象，且为一老者。

明代文学家吴承恩的小说《西游记》的流行，更让太白金星的慈祥男性老者形象深入人心。

太白金星亦称"白帝子"，顾名思义，就是白帝的儿子。道教五方五老天君，为司掌东西南北中五个方位的神仙。其中，掌管西方的名叫西方白帝皓灵皇老七炁天君。这位神仙就是太白金星的父亲。

真武大帝

去过湖北省武当山的朋友一定会对真武大帝印象深刻，没错，他是当地供奉的主神。了解真武大帝，须从他的名字开始。

真武大帝的名字很多，全称真武荡魔大帝，其他还有玄天上帝、玄武大帝、佑圣真君玄天上帝、无量

真武大帝像

祖师、镇天真武灵应佑圣帝君、真武帝君、荡魔天尊、报恩祖师、披发祖师等。真武大帝的名字是一多，他还有一多，即出身说法多。

关于真武大帝的身世，有人认为他是龟蛇复合为一人后形成真武神；还有人认为他是大禹的父亲鲧；更有人认为他是黑帝玄武；第四种说法认为他是形如龟蛇的北方七宿；第五种说法认为他是元始天尊的化身；第六种说法认为他是玉皇大帝的分身。此外还有一些说法，不一一列出了。

从上述说法中，我们不难看出，龟蛇二字多次出现。这是因为真武大帝的信仰源于古代的星辰崇拜和动物崇拜。中国古代将天体分为二十八宿，共四组，分别以四灵来命名，即东方青龙、南方朱雀、西方白虎、北方玄武。

北方玄武被认为是真武大帝的出处，玄武都是什么呢？《楚辞》解释说："玄武谓龟蛇，位在北方，故曰玄，身有鳞甲，故曰武。"南宋思想家朱熹在《朱子语类》中说得更直接："玄，龟也；武，蛇也。"就是说，玄武就是龟蛇合体、龟蛇缠绕的意思。

玄武怎么改称真武的呢？玄武在进入道教的初期，其在神系中的地位并不重要。他只是一个护卫神。后来逐渐将其人格化，成为道教的大神。宋真宗（997—1022年在位）时期，将赵姓始祖命名为赵玄朗，并尊为宋圣祖。为避赵玄朗的名讳，玄武就改名为真武了。

真武大帝的崛起是在明朝。明初，燕王朱棣发动"靖难之变"，夺取王位，是为明成祖。政变过程中，真武大帝屡次显灵，帮助朱棣。因此，朱棣称帝后，特加封真武为"北极镇天真武玄天上帝"，在武当山天柱峰顶修建"金殿"，供奉真武大帝神像。

真武大帝的诞辰日是农历三月初三日，飞升日是农历九月九日。

27

文昌帝君

文昌帝君，亦称文昌星、文星。他是中国古代学问文章、科举士子的守护神，主宰功名利禄的道教神仙。文昌帝君是五文昌之首。

所谓五文昌，亦称五文昌夫子、五文昌帝君，是主管文运的五位道教神仙。他们是文昌帝君、魁星星君、朱衣神君、纯阳帝君、文衡帝君。

俗语说：北孔子，南文昌。可见，文昌帝君盛行于中国南方。确实，说到文昌帝君，就不得不提到一个人和一个神。人叫张亚子，神是梓潼神。

西晋年间，四川省梓潼县有个孝子名张亚子，带兵打仗，不幸为国捐躯。当地百姓佩服其为父母尽孝，为国尽忠，便立祠祭祀他。久而久之，张亚子成了梓潼当地的梓潼神，该祠变成了梓潼神庙。这是一座小庙，本不见经传，但安史之乱令其命名转变。

安史之乱发生，唐玄宗李隆基被迫避难四川梓潼。梓潼神显灵在路上迎接，李隆基大喜，封梓潼神为左丞相。一百多年后，唐僖宗李晔因乱亦避难四川，梓潼神再次显灵救驾。唐僖宗李晔大喜，封梓潼神为济顺王。由于两代唐朝皇帝的青睐和推崇，令小小的梓潼神迅速从地方神变成全国神。但仅有皇帝的追捧还不够，梓潼神毕竟来自小地方，需要包装包装。

宋元道士负责包装梓潼神。宋元道士假托梓潼神降笔，写了一篇《清河内传》，说梓潼神生于周初，后来经过七十三代，西晋末托生为张亚子降生在四川，后成为梓潼神，并说玉皇大帝命他掌管文昌府和人间禄籍。元仁宗延祐三年（1316），皇帝爱育黎拔力八达加封其为"辅元开化文昌司禄宏仁帝君"，梓潼神与文昌星从此合二为一，也就是今天的文昌帝君。

有人会问，文昌帝君和文曲星是不是同一个神呢？答案：不是。文曲星是北斗星君之一，是天皇大帝和紫微大帝的弟弟，是斗姆元君的儿子，其地位远远高过文昌帝君。不过，文昌帝君虽然出身较低，

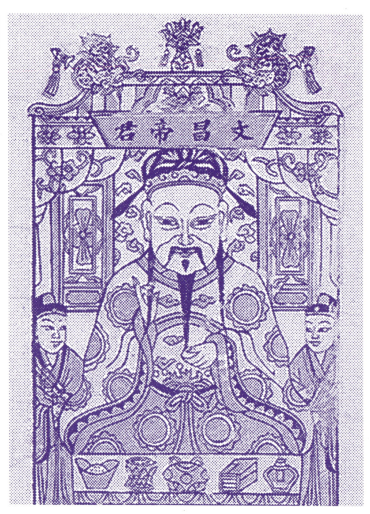

但其信众却一点儿也不少。文昌宫、文昌祠和文昌阁等，过去曾遍布全国各地，仅北京城内就有十来座。

四川梓潼县城以北有座七曲山。山上有座著名的文昌宫，当地人又叫它"大庙"。这是全国文昌宫的祖庙，里面供奉着主管人间功名利禄的文昌帝君。这座文昌宫的前身是"亚子祠"，是为了纪念西晋的张亚子而修建的。

大庙的名字是怎么来的呢？明朝末年，张献忠领兵入川，路过这座文昌宫，他见庙内供奉的是文昌君张亚子，便说："你姓张，咱也姓张，咱与你联了宗吧。"他就把文昌宫改成了"太庙"。"太"与"大"相通，这里便又被叫做"大庙"了。张献忠还让人在庙里塑了他的一尊坐像。张献忠失败后，他的这尊坐像被捣毁。

大庙有官殿楼阁二十余处，主要有桂香殿、天尊殿、关圣殿、文昌殿、大悲楼等。建筑依山取势，高低错落，宏伟壮观。大庙里铁铸群像最为著名，其中最大的是文昌帝君神像，高达一丈四尺，重约六百斤。神像两侧为文昌帝君的侍童，左侧为天聋，右侧为地哑。

28

魁星星君

魁星星君，本叫奎星，亦称魁星。他是中国古代神话中主宰文章兴衰的神。魁星星君的来历，先辈学者多有阐发。

清朝著名学者顾炎武《日知录》卷三二"魁"条："今人所奉魁星，不知始自何年。以奎为文章之府，故立庙祀之。乃不能像奎，而改奎为魁。又不能像魁，而取字之形，为鬼举足而起其斗。"

这是说，现在尊奉魁星星君的习俗，不知是从什么时候开始的。人们把奎星作为读书人文采的渊源，因此设立寺庙祭祀他。但是，奎星的"奎"字终究不像为首的形状，所以把"奎"字改为"魁"字，叫魁星。因为"魁"字，具有为首的、第一的含义。然而，魁星星君还是没有具体的形象，就按照"魁"字的形状，塑成了一个抬起脚、举着斗的鬼的形状。这就是魁星星君的来历。

魁星星君的具体形象是怎样形成的呢？究其实，是按照"魁"字的模样衍化塑成的。"魁"字是由偏旁"鬼"和"斗"合成的字。有人说是"鬼抢斗"，也有人说是"鬼之脚右转，如踢北斗"。好事者就塑成一个赤发蓝面恶鬼的形象。这个恶鬼，左手紧紧捧着一只笨重大斗，说明他在摘取魁斗；右手狠狠握着一支如椽大笔，表示他在用笔点定中试者；左脚向后跷起如"鬼"字的大弯钩，似在表示魁星星君踢斗；右脚稳稳地踏在巨龟的头上，取独占鳌头之意。这就是所谓"魁星点斗，独占鳌头"了。

魁星星君掌握着文人的运数，读书人自然要悉心供奉他。平时烧香祭祀自不必说，就连考试时，也要怀揣魁星星君像，以求顺利过关。

过去魁星楼、魁星殿遍布全国各地，至今尚有部分留存。现在最著名的魁星像，是云南昆明西山龙门之上的石魁星。跨进凌空而立的龙门石坊，映入眼帘的便是达天阁石殿。这里是龙门制高处，山势巍峨，令人屏息。石殿依天然崖壁，顺山依势，向内镂空凿成，殿内正中供奉手持点斗巨笔、独占鳌头的魁星神像。像高三尺有余。两旁是文昌、关帝像。要说明的是，文昌和关羽的品级和地位，都要高于魁星。不知此殿为什么弄颠倒了。这也证明，神仙的排序，不如人间的严格。

广西壮族自治州有一座魁星楼，又称文笔塔，很有特色，是贺州市古代文人学士崇拜的象征性建筑物，建于清朝乾隆五年（1740）。塔高五层共二十七米，塔身呈六角形，塔体用大青砖砌身，表面却呈红色，上盖绿色琉璃瓦，门额浮堆黑色"魁星楼"三个大字。此楼具有很高的历史价值和艺术价值，属自治区重点保护文物之一。

第四章

游仙神

八仙

八仙是道教尊崇的八位神仙，后来演变成了民间尊崇的喜庆欢乐神。八仙的称谓，原来并没有固定下来。直到明代作家吴元泰撰写的神魔小说《上洞八仙传》（又名《八仙出处东游记》）问世并流行，以后八仙的称谓才固定下来。他们是：李铁拐、钟离权、吕洞宾、张果老、蓝采和、何仙姑、韩湘子、曹国舅。他们先后得道，位列仙班。他们的故事个个生动精彩，脍炙人口。其中，最著名的要数八仙过海了。

八仙赴王母娘娘蟠桃大会，喝得酩酊大醉。辞谢王母娘娘后，趁着酒兴，各履宝物浮渡东海。东海龙王之子摩揭，看中了蓝采和渡海的大拍板，顿起贪心，抢夺大拍板，虏获蓝采和。这引起其他七仙的不满，从而展开一场大战。最后八仙将摩揭杀死，火烧东海。东海龙王向玉皇大帝告状，玉皇大帝不分青红皂白，下令派天兵捉拿八仙。八仙据理力争，并同天兵开战。天兵亦被八仙打败。后来，观音菩萨、如来佛和太上老君从中斡旋和解，遂各自罢兵而归。八仙过海的故事，表现了八仙不畏强权的英勇斗志和相互支援的团结精神。

八仙过海，各显神通。小说对八仙过海的描写极富想象力。小说写到：却说八仙来至东海，停云观望。只见潮头汹涌，巨浪惊人。洞宾言曰："今日乘云而过，不见各家本事。试以一物投之水面，各显神通而过如何？"众曰："可。"铁拐即以铁拐投水中，自立其上，乘风逐浪而渡。钟离以拂尘投水中而渡，果老以纸驴投水中而渡，洞宾以箫管投水中而渡，湘子以花篮投水中而渡，仙姑以竹罩投水中而渡，蓝采和以拍板投水中而渡，国舅以玉版投水中而渡。八仙过海，各自拥有自己的渡海神器。

为祭祀八仙，全国建过很多八仙宫，其中最著名的在西安。西安八仙宫，又称八仙庵，在西安市东关长乐坊。初建于宋朝，是西安最大的道教庙观。1900年，为逃避八国联军的侵犯，慈禧太后从北京逃到西安，曾经驻跸八仙宫。后来，慈禧太后捐助一千两白银，增建修缮八仙宫，并敕封此庙为"西安东关清门万寿八仙宫"。

30

李铁拐

李铁拐，本名李玄，又称铁拐李、李凝阳、铁拐先生等，为八仙之首，在中国民间很有影响，口碑甚好。历史上并无其人，他的形象完全由民间创造。所谓铁拐实际上是他的法器——铁拐杖。

关于李铁拐修真成道的传说，民间有多个版本。明朝作家吴元泰的神魔小说《上洞八仙传》对此做了艺术的描写，流布很广。李铁拐原来质非凡骨，学有根底，状貌魁梧，心神宣朗。他年方弱冠，就识破玄机，看破红尘，一心修道。于是，他告别亲友，进入深山，穴居洞中，拔茅为席，服气炼形。数载过后，他听说太上老君李耳是宗姓之仙祖，在华山论道，就决心到华山去拜见太上老君，求师修道。

太上老君和另一位神仙宛邱，在华山修真论道。一日，太上老君对宛邱说："我观看仙录，李铁拐想成道，今天要来问道。"于是派两个小童到山下去迎接。李铁拐见到小童，知道太上老君派人接他，心中高兴。他先见老君，次见宛邱，感到终于见到了天上神人，非常激动。同时，又听到了二仙的高论，心花顿开，尘情冰释。

不久，李铁拐怀着得道的

兴奋心情，回到了岩穴深林，继续修炼。一日，太上老君、宛邱驾鹤而来，邀请他十日后同游西域诸国，李铁拐爽快地答应了。十日后，临赴约之前，李铁拐对徒弟杨子说："我要出神了，赴太上老君之约去华山。我的魂已走，留魄在此。如果游魂七日不返，就可以将我的魄焚化。如果未满七日，就要好好地守住我的魄。记住，千万不要违背我的话。"说完，李铁拐就静坐游魂而去。

却说杨子受命守尸，加以为防护，日夜不敢懈怠。等到第六天，忽然看到家人跑来，不知何故。家人急忙说道："你的母亲病危，只想见你一面，叫你赶快回去。"杨子大哭说道："母病危急，师魂未返，如果我去了，谁来看守尸体呢？"家人诚恳劝道："人死不能复生。况且已经死了六天，内脏必定腐朽，不能复活了。母亲病危，送死不及，终天之恨。"杨子知道事情急迫，

明《砺剑图》中的李铁拐

不得已焚烧了师父的尸体，洒泪看望母亲去了。

却说李铁拐魂出华山，随太上老君西游诸国，多得太上老君之道。在归来之前，太上老君看着李铁拐，笑而不语，似有隐情。临行前，送给李玄一偈："辟谷不辟麦，车轻路亦熟。欲得旧形骸，正逢新面目。"李铁拐不知何意。他归期，正好七天。来到茅斋寻找自己的魄，但见毛发无存。转身看到一堆烧完的灰烬，悟到自己的尸体已经被焚毁了。李铁拐的游魂无所依傍，日夜凭空号叫。忽然看到远处有一具饿莩的尸体，倒在山边。猛然想起太上老君的临别赠言："欲得旧形骸，正逢新面目。"恍然大悟，这就是我的新面目了。于是，就附饿莩之尸而起。这个饿莩，蓬首垢面，坦腹跛足，样子丑陋却可爱。李铁拐爬起身来，向手上的竹杖喷了一口水，竹杖立刻变成铁质的了。李铁拐手提铁杖，肩背葫芦，一瘸一拐地向前走

去。在民间，李铁拐十分有名，是因为他的葫芦里装着仙丹，可以免费救死扶伤。

31

钟离权

钟离权，钟离是姓，名权。民间多称其为汉钟离，那是因为他本人是东汉大将。钟离权的号有三，即和谷子、正阳子、云房先生。他是道教全真道的正阳祖师，法器是手中的拂尘。和李铁拐一样，钟离权亦是道教杜撰的神仙。杜撰一个人的生平，往往要从其父母开始。钟离权的父亲是谁呢？

传说，钟离权的父亲钟离章，当初因征讨北胡有功，被封为燕台侯。钟离权诞生的那一天，来了一位长者，自道是上古黄神氏，要托生于此。说罢就大踏步走进卧房，顿时见有异光数丈，如烈火腾焰，侍

卫皆惊。这一天是农历四月十五日。据说钟离权生下来后，六天六夜不声不哭不食。到了第七天突然跃起，说道："身游紫府，名书玉清。"表明了自己的道家身份。

长大成人后，钟离权入仕为汉朝大将。一次奉诏北征吐蕃，出师不利，大兵一到，就被羌人趁夜劫营，全军溃散。钟离权独自骑马落荒而逃。行至一处山谷，迷失了道路，步入一片深林。这时遇到一位胡僧，钟离权上前问路，那胡僧蓬头拂额，身挂草衣，带他走了几里地，有一处村庄出现在眼前。胡僧对钟离权说："这是东华先生成道之处，将军可以就此歇息歇息了。"说罢作揖离去。然而钟离权不敢近前惊动庄中之人，只得待在原处，一动不动。过了许久，只听有人在说话："这肯定是碧眼胡人饶舌了。"话音落处，只见一老者身披白鹿裘，手扶青藜杖，声音高亢。老人问道："来者不是汉大将军钟离权吗？你为何不寄宿到山僧之所？"钟离权听罢大惊，心知这老者肯定是异人了。

这个时候，钟离权刚刚脱离虎狼之穴，又遭惊鹤之思，于是决定回心向道，就向老者祈求度世良方。老者遂将《长生真诀》《金丹火候》《青龙剑法》传授于他。钟离权得到这些真传后，再回头一看，原来的村庄都不见了。似乎这些村庄都是为他而设置的，钟离权大为惊诧，幡然警觉。

钟离权从此入华山修炼。后来，他游泰山又遇华阳真人。相传华阳真人又传授给他《太乙刀圭》《火符内丹》等，因此又号正阳子。再后又入崆峒，谒见太上老君。太上老君赐号为云房先生。

相传钟离权丫髻坦腹，手挥拂尘，赤面伟体，龙睛虬髯。元朝时，被全真道奉为正阳祖师，为全真道北五祖第二位。全真道北五祖依次为：王玄甫（钟离权师父）、钟离权、吕洞宾、刘海蟾、王重阳。

张果老

张果老与李铁拐和钟离权不同，是历史上实实在在存在过的人物。他是唐代道士，本名张果。相传他有长寿秘术，齿发衰朽而不死，并自言有数百岁，因而俗称张果老。张果老的法器是他坐下的那头白驴，此白驴可以化作一张白纸，即称纸驴。

张果老有长生不老之术，隐居在恒州（今山西省大同县东）中条山。为聆听宛邱、李铁拐诸仙论道说法，常常倒着骑驴，往来于汾水晋水之间。见过他的老人们说："我小时候见到他，他就说已经好几百岁了。"他清心寡欲，无心仕途。唐太宗、唐高宗多次征召不应。武则天登基后，又召之出山，他便佯装死于妒女庙前。当时正值盛夏炎热之际，须臾间，尸体就腐烂生虫。武则天听说后，也真的相信他死了。后来人们在恒州山中又见到了他，仍然倒骑白驴，日行数万里。休息时则将所骑驴折叠起来，看上去像一张薄纸，然后将其放到巾箱之中。起行时用水一喷，又变成驴，可以骑乘。

唐玄宗开元二十三年(725)，李隆基派通事舍人裴晤，驰车到恒州去迎张果老。张果老面对裴晤，知其来意，突然气绝而死。裴晤焚香启请，说明天子求道之意。一会儿，张果老渐渐苏醒，裴晤不敢再次催请，便驰车还朝，奏知唐玄宗。李隆基就又派中书舍人徐峤、通事舍人卢重玄，持玺书迎接张果老。张果老感其诚意，这才随徐峤等来到东都（今河南省洛阳市）。李隆基命用大轿请他入宫，并百倍礼敬。公卿亦纷纷前来拜谒。李隆基询问有关神仙的事情，张果老不予回答，只是屏住呼吸，好几天不进食，搞得李隆基也没有办法。

一天，李隆基对张果老说："先生是得道之人，怎么还这般的齿发衰颓呢？"张果老说："衰朽之身，无道术可凭，所以才至于此。"说罢，便在御前拔去鬓发，击落牙齿，血流满口。李隆基大惊，对他说："先生且歇息一下，稍后再谈。"过了一会儿，李隆基出来召见他时，只见他青鬓皓齿，胜过壮年。朝中公卿有人问他方外之事，张果老全都诡言答对。尝说："我是尧时丙子年人。"使人莫测。

李隆基要留他住在内殿，并赐酒给他，张果老推辞说："山臣酒量不过三升，我有一弟子，能饮一斗。"李隆基听了大喜，便让张果老召他前来。当即有一小道士从殿檐飞下，年龄约有十五六岁，姿容俊美，步趋娴雅。谒见李隆基，言辞清爽，礼貌备至。李隆基很喜欢这个小道士，命他落坐，张果老说："弟子应当一旁侍立，不该落坐。"李隆基越看越喜欢，便赐酒给他，

饮到一斗，尚不推辞。张果老忙代辞道："不能再赐酒给他了，过量必有所失。叫他来侍酒，不过要博龙颜一笑罢了。"李隆基不听，又逼小道士喝。可是酒忽然从小道士的头顶涌出，冠带落地，化为一榼（kē，古代盛酒的器具）。李隆

元任仁发绘《张果见明皇》

基及众嫔全都惊呆了，再仔细一看，小道士已不见了，只有一只金榼翻倒在地。原来此榼仅盛酒一斗，察验一番，却是集贤院的金榼。

张果老道术深奥。能指鸟鸟落，指花花落，指锁门开，再指便还原本来面目。能搬移宫殿于他处，还能搬回原处。张果老入水不沉，入火有莲花托之而出。有一位善于夜视的气功师，李隆基命他夜视张果老，结果气功师看不到。李隆基屡试张果老的仙术，不可穷述。于是便封他为银青光禄大夫，赐号通元先生。后来，张

果老多次以老为由，乞求皇上敕归恒州。李隆基便诏令车马相送。天宝初年，李隆基又遣人征召，张果老闻听后，忽然死了。弟子埋葬了他。后来打开棺木，只剩下一口空棺。

张果老就是这样一位神仙。

何仙姑 33

何仙姑是吕洞宾的女弟子，八仙中唯一的女神仙。何仙姑原籍何地？传说有二，一说是广东增城县，一说湖南永州（零陵）。明王圻著《续文献通考》说："何仙姑，广东增城人，何泰之女。"传说生于唐武周长寿三年（694），是广东省增城县何泰的女儿。据说何泰是做豆腐的，何仙姑帮忙卖过豆腐，绰号"豆腐西施"。她出生时就有异相，头顶六根毫发。她的法器是一个竹罩。

唐武则天时（684—705年），何仙姑住在云母溪，年十四五岁时，梦见一个神仙说："常吃云母粉，能轻身不死。"清晨醒来，她想："神仙说的话，是不是在欺骗我呀？"于是，她抱着试一试的心态，吃了云母粉，不料，果然身子轻了。到了结婚的年龄，她的母亲想给她物色一个女婿。何仙姑立誓不嫁，母亲也不好勉强。一日，于溪水边，何仙姑巧遇神仙铁拐李、蓝采和。他们二人授给她神仙秘诀。后来，何仙姑常往来于山谷间，身轻如燕，其行如飞，每日早去晚回。回来时，孝顺的她都带些当地的山果给母亲吃。母亲问从哪里拿回来的山果，她只是说去了名山仙境，与女仙谈真论道去了。后来逐渐长大，说话论事十分异常。

有一次，当地一小官得到天书一纸，不明就里，便请何仙姑看看。何仙姑拿来一看，见上面写的是："此人受贿十两金子，折寿五年。"

武则天听说何仙姑的事非常感兴趣，便派使臣征召她入宫。在应召赴京的路上，她中途不见了，没有人知道她的去向。据说那个向她传道的道人就是吕洞宾。

何仙姑的家乡广东省增城县小楼镇有一座何仙姑庙，至今香火不断。庙门有一副对联："千年履迹遗丹井，百代衣冠拜古祠。"相传何仙姑最后是从家门口的水井中去"问仙"的。当时，只穿了一只绣鞋，另一只留在了井台上。农历三月初七是何仙姑诞辰日，届时当地要唱大戏，来宾们要喝此水井中的"仙汤"。

34

蓝采和

蓝采和是个来历不明的神仙。南唐沈汾著《续仙传》说："蓝采和，不知何许人也。"虽然南唐时期的人对他的来历一无所知，但民间传说依然不少。

传说其是五代时人。一说是赤脚大仙降生。蓝采和经常身穿破旧蓝衫，腰系三寸多宽的六扣黑木腰带，一只脚穿着

蓝采和，明代徽派版画，选自《仙佛奇踪》。此套大致为明万历三十年（1602）序刊本

靴子，另一只脚光着走路。夏天时，在衣衫内添上棉絮；冬天却常卧在雪地里，耳口鼻像蒸笼一样冒着热气。他的法器是手中三尺多长的大拍板。如今，蓝采和的形象多为手提花篮的少年。

过去的蓝采和形如乞丐。人们常见他在城里街市上行乞，手持三尺多长的大拍板，时常醉酒踏歌，老老少少都在他身后看热闹。蓝采和出语机敏，应答自如，令人笑得前仰后合。他经常似狂非狂地歌道："踏歌蓝采和，世界能几何。红颜一春树，流年一掷梭。古人混混去不迫，今人纷纷来更多。朝骑鸾凤到碧落，暮见苍田生白波。长景明辉在空际，金银宫阙高嵯峨。"

他所唱的歌词极多，并且率直真切，随口而出，皆有神仙意，却又神秘莫测。等有人拿出钱来给他，他就用长绳穿起来，拖在地上行走。那些钱有的给了穷人，有的给了酒家，有的散落掉了，他也从不回头看一下。蓝采和就这样周游天下。那些小时候就见过他的人，老了的时候见到他，都说他样子依然如故，穿戴依然如旧。

有一次，蓝采和在酒楼上醉倒，忽听到有云鹤笙箫声当空传来，他忽然丢下靴衫，腰带拍板，乘上白鹤，冉冉飞去。人们这才看到他的衣服，原来是玉片做的，旋即那些靴衫等物也不见了。

后人有诗题蓝采和道："长板高歌本不狂，尔曹自为百钱忙。几时逢着蓝采老，同向春风舞一场。"

35

吕洞宾

吕洞宾，历史上实有其人。他名吕喦（yán），或吕巖、吕岩。号纯阳子，自称回道人。京川（陕西西安一带）人，一说河中府（山西）永乐县人。祖父吕渭，任礼部侍郎；父亲吕让，任海州刺史。唐德宗贞元十四年（798）四月十四日巳时（9—11时）生。吕洞宾是八仙之一，而且是能量最大的一个，位列全真道北五祖第三。他的法器是一支箫管。据明朝作家洪应明著《仙佛奇踪》和明朝作家郑志谟著《飞剑记》两书的记载，吕洞宾的一生完全被神化了。

传说吕洞宾降生之时，异香满室，天乐并奏。有一只白鹤从天而降，飞入帐中不见，吕洞宾降生。他生来身材雄伟，金形玉质，道骨仙风，鹤顶猿背，虎体龙腮；凤眼朝天，双眉入鬓，颈修鹳露，额阔身圆，鼻梁耸直，面色白黄；左眉角有一黑痣，如锄头大小；足下纹如龟。他自幼聪明，日记万言，出口成章。成人后，身长八尺二寸。淡黄笑脸，微麻、三髭须。穿黄襕衫，戴华阳巾，系八皂绦。形貌很像张良张子房。二十岁时还没

有成家。

唐武宗会昌（841—847年）年间，吕洞宾前往长安赴试。考了两次，都没有考中进士。一天，他在长安酒肆闲游，只见一青巾白袍羽士，在一处墙壁上写下了三首绝句。其一曰："坐卧常携酒一壶，不教双眼识皇都。乾坤许久无名姓，疏散人间一丈夫。"其二曰："得道真仙不易逢，几时归去愿相从。自言住处连东海，别是蓬莱第一峰。"其三曰："莫厌追欢笑话频，寻思离乱可伤神。闲来屈指从头数，待到清平有几人。"吕洞宾惊叹这人状貌奇古，诗意飘逸，便上前行礼，问其姓氏。羽士道："你可先吟一绝，我想看看你的志向。"吕洞宾便接过笔来写道："生在儒林遇太平，悬缕垂带布衣轻。谁能世上争名利，臣事玉皇归上清。"羽士见诗后，说："诗能言志，你的志向很超卓呀！我是钟离子，住在终南鹤岭，你能与我从游吗？"钟离子就是八仙

之一的钟离权。但是，吕洞宾没有立刻答应。

钟离权和他一同在这家铺子住下。钟离权亲自为他烧饭，吕洞宾却忽然就枕昏睡。梦见自己中了状元，做了高官，并两娶富家女儿，生子婚嫁之后，子孙满室，簪笏满门。如此过了将近四十年，接着又做了丞相，专权十年，权势熏

吕洞宾像，
选自《绣像吕洞宾祖师全传》，汪淇编。
清康熙元年（1662）

炙。然而无意中犯下重罪，抄尽家资，妻离子散，流落于荒岭野谷中，孑然一身，穷苦憔悴。立马于风雪之中，刚发长叹，恍然间醒来，锅中之米尚未煮熟。钟离权一旁笑吟道："黄粱犹未熟，一梦到华胥。"吕洞宾惊问："先生知道我的梦境吗？"钟离权说："你刚才的梦，升沉万态，荣辱千端。五十年间不过一瞬罢了。得到不足喜，丧失又何足悲？世人要经过所谓大彻大悟，才能明白人世不过一场大梦罢了。"吕洞宾感悟，于是便拜钟离权为师，求教度世之术。钟离权考验他说："你骨节尚未完善，要想求仙度世，还必须历经数世才行。"说罢翩然而去，吕洞宾当即弃儒归隐。

归隐后的吕洞宾，曾遭遇钟离权的十次测试。第一试：一次吕洞宾出外远游回来，忽见家人全都病死。吕洞宾心无悔恨，只是厚备棺椁入葬。然而须臾之际，死者却全都活过来，无病无恙。第二试：吕洞宾到市上卖货，本来已议定好了价钱，买的人却突然翻脸，只给一半的钱。吕洞宾不加任何争执，丢下货物走开了。第三试：吕洞宾元日出家门，碰见一个乞丐倚门求他施舍，吕洞宾当即拿钱物给他。不想那乞丐不但索要没完，还恶言恶语，吕洞宾却只有再三地笑谢。第四试：吕洞宾在山中放羊，见一饿虎奔来，追赶羊群。吕洞宾把羊阻拦在山坡下面，自己以身相挡，饿虎却走开了。第五试：吕洞宾在山上草舍内读书，有一女子年龄在十七八岁的样子，容华绝世，光艳照人。自说归省娘家，迷了路，天已将晚，脚下无力，想借此稍加休息，吕洞宾答应了。可那女子竟百般挑逗吕洞宾，夜晚竟逼吕洞宾与她同寝。吕洞宾不为所动。这样一连三日，那女子方才离去。第六试：吕洞宾一日到郊外去，待回到家时，家里财物全都被盗贼劫去，几乎没有朝夕之用。吕洞宾毫无怒色，亲自耕种自给。一日，忽然见到锄下有数十片金子，吕洞宾立即把它们掩埋起来，一无所取。第七试：吕洞宾碰到一个卖铜的人，买回来一看，全都是金子。他就当即找到卖铜的人，把金子还给了他。第八试：有一疯狂道士在市场上卖药，说是人服下去立即就死，可以再转世得道。十天过去了，不曾售出。吕洞宾前去买下，那道士说："你可以速备后事了。"然而吕洞宾服下后却安然无恙。第九试：吕洞宾与众人一道过河，走到中间时，风涛掀涌，众人全都十分恐惧，吕洞宾却端坐不动。第十试：吕洞宾独坐一室中，忽见眼前出现无数奇形怪状的鬼魅，有的要打他，有的要杀他，吕洞宾毫不畏惧。又见有数十个夜叉，押来一个死囚，死囚血肉淋漓，号泣说道："你前世杀我，今天应偿还我命。"吕洞宾道："杀人偿命是应该的。"说着起身寻刀，就要自尽偿还其性命，忽然听到空中一声吆喝，鬼神全都不见了。有一人抚掌大笑而下，原来是钟离权。钟离权道："我考验你十次，你都不曾动心。如此可见，你肯定会成仙得道的。"

于是，吕洞宾随他一同来到鹤岭。钟离权将所有《上真秘诀》，全都传授给吕洞宾。不久清溪郑思远、太华施真人，从东南凌云而来，相互问候之后，一起落座。施真人问："站在一旁的是什么人啊？"钟离权道："是吕海州之子。"说罢便命吕洞宾上前拜见二仙。二仙去后，钟离权对吕洞宾说："我就要去朝见天帝，到时会表奏你的功德，使你也得入仙籍。你也不要久住于此。十年之后，我与你在洞庭湖相见。"说着又把《灵宝毕法》及灵丹数粒授给洞宾。这时，有二仙手捧金简宝符，对钟离子说："天帝下诏，派你为九天金阙选仙，要你马上起行。"钟离权又对吕洞宾说："我应诏朝见天帝。你在人间好自为之，修功立德，他时也会和我一样。"吕洞宾再拜说："我的志向不同于先生。我一定要度尽天下众生，才愿上升。"于是钟离权乘云，冉冉而去。

吕洞宾南游到澧水之上，登庐山钟楼时，与祝融君相遇。祝融君便传授给他天遁剑法，说："我是大龙真君，过去曾持此剑斩杀邪魔，现赠给您斩断烦恼。"后来，吕洞宾初游江淮，斩杀巨蛟兽，一试灵剑。

十年后到洞庭湖，登上岳阳楼，钟离权忽然从天而降，说："我来实践前约，天帝命你的眷属，全都居于荆山洞府，你的名字已注入玉清籍中。"传说，吕洞宾此后隐显变化四百余年，常游于湘潭岳鄂及两浙江淮间。宋徽宗政和（1111—1118年在位）年间，封为好道真人。明朝又封他为纯阳帝君，继为纯阳祖师，故又号称"吕祖"。

吕洞宾虽位列八仙第六，但在民间的声望却远远高于其他七位仙人。中国各地有很多吕祖庙、吕祖祠，道观内也常见吕祖殿、吕祖阁，这样的待遇其他七位仙人也是望尘莫及的。

36 韩湘子

韩湘子在历史上确有其人，他是唐代著名思想家、文学家韩愈的侄孙。据《唐书·宰相世系表》，韩愈有个侄子叫韩老成，韩老成有个儿子叫韩湘，字清夫。

请注意，如今我们日常所见的韩湘子形象多为吹笛美少年，笛子也就成了他的法器，但这与古书所写迥然不同。据《上洞八仙传》和《仙佛奇踪》的记载，韩湘子是个成年人形象的神仙，他的法器是一个花篮。

韩湘子生来就有仙骨，性

格落拓不羁。厌烦华丽浓艳，喜欢恬淡清幽。韩愈多次鼓励他攻读儒家之学，但是，韩湘子表示不能接受，公开地说："对不起，侄孙韩湘子所喜欢的学问，同您喜欢的学问完全不同。"韩愈听了，很是生气，申斥了他。

一天，韩湘子出外访道寻师，偶遇钟离权和吕洞宾，于是，就毅然弃家，跟他们游道去了。后来，走到一个果树林，见到仙桃红熟，饥渴难耐，韩湘子就爬上树去摘桃。不料，树枝突然折断，韩湘子落地致死，尸体随后就分解了。这时，韩湘子的魂解脱了，冉冉升天。韩湘子谒见了天帝，天帝授他为"开元演法大阐教化普济仙卿"。而后他又游了蓬莱等仙境。后来，天帝便召他去，命他下界超度韩愈。

韩湘子受命超度韩愈。但考虑到韩愈为人正派，笃信儒学，一般不会相信韩湘子的游说。为此，韩湘子策划以谋术打动他。元和年间（806—820

年），唐宪宗正旦朝贺，留韩愈等宴饮。皇上问道："今年年成丰歉怎样？"韩愈对道："今年歉收。"皇上说："你怎么知道？"韩愈说："去冬无雪，所以知道今年歉收。"宪宗听了，当即下旨，限韩愈三日内，到南坛祈祷致雪，久祷不得，就罢他的官。韩愈大为惶惧。

韩湘子知道后却大喜，他心生一计，便挂出"出卖风云雨雪"的招牌。市民都很惊讶，报给韩愈，韩愈便将他召去。当时韩湘子已经改变容貌，韩愈认不出他。韩愈诘问韩湘子说："皇上因忧年歉，想预先祷雪以求丰收。你是何人，敢出此狂言？"韩湘子敲着掌中葫芦笑道："人当然无以为之，我身中先天坎离太极混合，乾坤尚可颠倒，后天雨雪招之何难？"韩愈说："那么你祈雪来，我倒要看看。"韩湘子说："好。"于是，要酒来喝得大醉，而后登坛作法。半日，浓云漫野，寒气侵骨，天光一合，大雪立降，有一尺多深。朝中诸公都大以为异，韩愈却道："人君至诚，人臣至专所致，岂是凭一道士之力的吗？"众人都不服其论。韩愈不相信这是韩湘子的法力，问道："这场雪，是我祈祷的呢，还是你祈祷的？"韩湘子答道："我祈祷的。"韩愈问："怎么证明呢？"韩湘子说："平地雪厚三尺三寸。"韩愈派人去丈量，确实如此。韩愈此时才略微相信韩湘子有些异术。

不久，韩愈官拜刑部侍郎

韩湘子，明代徽派版画，选自《仙佛奇综》。此套大致为明万历三十年（1602）序刊本

（司法部副部长）。宴贺时，韩湘子又去拜谒。韩愈一开始还善待他，当韩湘子言语中有劝韩愈急流勇退之意后，韩愈勃然大怒并斥责了他，并且为难他说："你能尽以一杯之酒，致使在座诸公皆醉吗？"韩湘子说："这太容易不过了，你随我来看。"说着他便取来所佩带的葫芦。葫芦粗不过一寸，高有一寸多点，装半杯酒即满。而后，他遍席敬酒。总共三十人，各计三十巡，葫芦永远没有断流过。众人全都惊骇。韩愈却说："这是民间漏雨法罢了。"韩愈又故意为难他说："能够召来仙鹤吗？"韩湘子立即召下仙鹤来。仙鹤至而起舞，转眼又化为羊，并口出歌赋，其中不过是劝说韩愈修省引退。韩愈皆以为幻术。韩湘子不由得大声说道："您想成为天子吗？贵极人臣，尚不知避祸而早退。一旦遭贬，风尘千里，冻馁而死。老婆孩子的荣禄还能复得吗？"韩愈大怒，叱喝他出去。

一天，韩愈寿诞，设席大宴。韩湘子突然回来，为叔祖祝寿。韩愈想要难为韩湘子，就问道："你能叫酒坛生出酒来，能使土堆开出花来吗？"这是一个很大的难题，但难不倒韩湘子。韩湘子把酒坛移到桌前，用金盆盖住酒坛，一会儿打开，坛内果然生出美酒；又把黑土聚成一堆，不多时，土堆上就开出一朵艳丽的花，好像牡丹。花朵上又拥出两行金字对联："云横秦岭家何在？雪拥蓝关马不前。"韩愈读罢此联，沉吟良久，不解其意。韩湘子说道："以后会得到验证，天机不可预先泄露。"

不久，唐宪宗素性好佛，想把佛骨迎入皇宫。韩愈认为不吉利，上表劝谏，触怒唐宪宗。唐宪宗下令，将韩愈贬谪潮州，限日起行。韩愈别家，向潮州进发。行不数日，下起雪来。行至一处，雪深数尺，马不能进，退亦无路。韩愈冻馁难禁，愁苦无诉。恰在此时，韩湘子来了。韩湘子对韩愈说道："叔祖，还记得在花朵旁边说过的话吗？"韩愈问道："这是什么地方？"韩湘子答道："这是蓝关。"韩愈想到那副对联，望天长叹道："没想到，事情发展到这个地步。"又说道："我为你补足先前那副对联吧！"于是，赋诗一首："一封朝奏九重天，夕贬潮阳路八千。本为圣朝除弊政，敢将衰朽惜残年。云横秦岭家何在？雪拥蓝关马不前。知汝远来应有意，好收吾骨瘴江边。"这就是著名的《左迁至蓝关示侄孙湘》一诗。

韩愈这才相信韩湘子的话是可信的。第二天，临别前，韩湘子拿出一瓢药送给韩愈，说道："你服一粒，可以抵御寒冷。"韩愈很受感动。韩湘子说："叔祖不久就会西归，不但没事，还会得到重用。"接着，韩湘子飘然而去。

韩愈后来确实又被召回到京城。

曹国舅

历史上是否确有曹国舅其人，尚无法确定。他的法器是一块玉版。

据说，曹国舅是宋仁宗曹皇后的长弟，名曹景休。曹国舅的弟弟叫曹景植，依仗自己是皇帝的宗亲，夺取民田，霸占民女，诸多不法，遭到百姓的痛恨。

曹景休多方教育他，但不能阻止他作恶；极力惩办他，反而遭到他的记恨。曹国舅悲伤地说道："天下的道理，积善者昌，积恶者亡。这是千古不变的真理。现在，我的弟弟作恶多端，虽然可以明逃典刑，但不能暗逃天网。如果一旦祸起，家破人亡。"

看破红尘的他，尽散家财，周济穷人。后来，辞家别友，只身道服，隐迹山林，修心炼性。数载之间，心与道合，形随神化。明洪应明著

《仙佛奇踪》记载："曹国舅，宋太后弟也。因其弟每不法杀人，深以为耻，遂隐迹山岩，精思玄理，野服葛巾，经旬不食。"

忽然一天，钟离权和吕洞宾游仙到此，见到了修道的曹国舅，很是惊讶，不禁问道："闲居为什么修炼？"曹国舅答道："其他无所作为，想要修炼道教。"二仙追问："道在哪里？"曹国舅以手指天。二仙又问："天在哪里？"曹国舅又指心。钟离权笑道："心就是天，天就是道，你已经能够识破本来面目了。"于是，将《还真秘术》传授给他，叫他修炼，不久，将他引入仙班。

看起来，曹国舅一心向道，是一心向善，是在寻求真理。据说，当上神仙，也就找到了真理。

以上是曹国舅的一个来历，也是最为人们接受和熟悉的一个来历。还有人说，曹国舅乃宋仁宗朝的大国舅，名讳不详。另一说，认为曹国舅是宋朝鲁国公曹彬之孙曹佾，其姐是宋仁宗赵祯的皇后。

黄大仙

38

黄大仙原来是我国东南一带的区域神，后来逐渐走向了海外，成为侨居海外的华夏名神之一。在中国大陆，对黄大仙的礼拜，已走向衰微。在我国香港、澳门地区，黄大仙则受到特殊的礼遇。香港有黄大仙庙，香烟缭绕，香客不绝，极得香港百姓的崇拜。

黄大仙是何方神圣？从香港黄大仙庙的有关记载来看，黄大仙的原身有四说。

一说是黄初平。黄大仙庙前有一个石门坊，上题有"金华分迹"四个大字，道出了该庙的来历。金华是浙江省金华县。据说，黄大仙名黄初平，晋朝丹溪人。丹溪在四川綦江县东南。黄初平后来到金华山修道。金华山在浙江省金华县之北，是黄初平得道处。金华有赤松观，是黄大仙的祖庙。金华分迹，是说香港的黄大仙庙是金华祖庙派生出来的分庙。

明洪应明著《仙佛奇踪》记载："黄初平，晋朝丹溪人。年十五牧羊，遇道士，引至金华山石室中，四十余年。其兄初起寻之，不获。后遇道士，善卜，起问之，曰：'金华山中有一牧羊儿。'初起即往见初平，问："羊安在？"曰："在山东。"往视之，但见白石磊磊（累累）。初平叱之，石皆成羊。初起亦弃妻、子学道，后亦成仙。"这是说，黄初平原来是个牧羊倌。后来，被道士指引到了金华山修道，一修就是四十多年。他的哥哥黄初起去寻找他，碰到了一个会算卦的道士，道士告诉他："金华山中有一个牧羊倌。"黄初起去找牧羊倌黄初平，见到了弟弟黄初平，就问："羊都到哪里去了？"黄初平回答："在金华山的东边。"到那里一看，什么也没有，只见一堆堆石头。黄初平大喝一声，奇迹出现了，石头就都变成了羊群，这证明黄初平已经得道了。哥哥黄初起受到启发，幡然觉醒，也抛弃了老婆、孩子学道，后来也成了仙。这里说明，得道后的黄初平可以随心所欲，居然能够将石头变成羊群。这大概是人们崇拜黄大仙的一个原因吧。

二说是赤松子。黄大仙庙庙门的横匾上写着"赤松黄仙祠"。大殿内供奉黄大仙像。这是说，他们供奉的黄大仙是神仙赤松子。黄大仙的别号是赤松子。明洪应明著《仙佛奇踪》记载："赤松子，神农时雨师。炼神服气，能入水不濡（rú），入火不焚。至昆仑山，常至西王母石室中。随风雨上下，炎帝少女追之，亦得仙，俱去。高辛时为雨师，闲游人间。"这是说，赤松子原是神农时人。黄初平和赤松子，不是同一个时代的人。但是，在神功上，他们是相似的。所以，黄大仙所指的赤松子，应该是神农时的赤松子。

三说是黄野人。明洪应明著《仙佛奇踪》记载："黄野人，葛洪弟子。洪栖山炼丹，野人常随之。洪既仙去，留丹于罗浮山柱石之间。野人得一粒服之，为地行仙。后有人游罗浮宿石岩间，中夜见一人，无衣而绀（gàn）毛覆体，意必仙也，乃再拜问道。其人了不顾，但长笑数声，声振林木，木复歌曰：'云来万岭动，云去天一色。长笑两三声，空山秋明白。'其人归道，其形容即野人也。"这是说，黄野人道行不浅，可以让树木作诗唱歌。有人认为，黄大仙是这位黄野人。

四说是黄石公。明末清初学者徐道著《历代神仙通鉴》（一名《三教同源录》）说："（黄）初平归淮阴黄石山，改名黄石公。"就是说，黄初平又叫黄石。黄石公是个历史传说人物，后被道教尊为神仙。黄石公，又叫圯（yí）上老人。姓名不详，下邳（江苏省邳县）人。相传曾将《太公兵法》传给了汉初名相张良。一天，张良到下邳桥上散步，偶遇一位穿着普通的老人。老人故意将所穿鞋子丢落桥下，让张良去拾取。张良去取了。如此者三，张良都照办了。老人认为："孺子可教也。"就传授张良《太公兵法》。老人对

张良说："阅读了这部书，就可以做皇帝的老师了。后十年你会发迹。十三年后，你会在济北遇到我，谷城山下有块黄石就是我。"于是老人离去了，没有说别的话，从此老人就再没有出现。第二天，张良仔细翻看这本书，原来是《太公兵法》。张良很惊异，经常学习它、背诵它。熟读兵法的张良，协助刘邦夺得天下。十三年后，张良随汉高祖刘邦出巡路经济北，果然见谷城山下有一块黄石。张良便带上黄石，朝夕供奉，从不间断。后世就称圯下老人为黄石公。

黄大仙的身上有着黄初平、赤松子、黄野人和黄石公四位神仙的影子。黄大仙的法力应该是四位神仙之和。因此，黄大仙的法力就格外的大。黄大仙的崇拜者在心理上都相应地得到他的庇护。礼拜黄大仙，求福、求子、求才、求药，不一而足。香港、澳门的百姓推崇黄大仙，就不足为怪了。

刘海蟾

刘海蟾，名操，字昭远，又字宗成，号海蟾子。五代燕山（今北京西南宛平）人。在辽应举，中甲科进士，事五代燕主刘守光，官至丞相。平素好性命之学，崇尚黄老之道。道教全真道北五祖第四位。

传说刘海蟾为丞相时，一日一道人拜谒，自称正阳子。向其索要金钱、鸡蛋各十枚，在桌上间隔高叠。海蟾惊叹曰："危哉！"道人曰："相公生命俱危更甚。"海蟾因此大悟，散家财，辞官职，离妻别子，翌日即出家云游，专心修行，常往来于华山和终南山之间，后得道仙去。

元世祖封其为"海蟾明悟弘道真君"。元武宗加封为"海蟾明悟弘道纯佑帝君"。

刘海蟾是传说中最具代表性的一位准财神。后世民间流传有刘海戏金蟾之说，多用作吉庆的象征。俗话说：三条腿的蛤蟆不好找，两条腿的人有的是。刘海戏金蟾，戏的就是三条腿的蛤蟆。年画中，刘海是个仙童，前额垂着整齐的短发，骑在金蟾上，手里舞着一串钱，是传统文化中的"福神"；金蟾为仙宫灵物，古人以为得之可致富。刘海戏金蟾，步步钓金钱，表示财源广进、大富大贵之意。过去人们常将刘海戏蟾剪纸、绘画请回家中，求财祈福。

麻姑

麻姑是民间传说中著名的女寿仙。麻姑神像、麻姑献寿，是民间风俗画的主要题材之一。但是，麻姑的来历却说法不一。

一种是神仙王方平之妹。明洪应明著《仙佛奇踪》记载，麻姑是神仙王方平之妹。汉桓帝（147—168年在位）某年的七月七日，王方平从天而降，着远游冠，乘五龙车，如大将军一样。降临后，即派人迎接麻姑。麻姑年十八，顶中作髻，长发至腰，锦衣绣裳，光彩耀目。她是一个很漂亮很时尚的女孩子。麻姑神通广大，她可以"索少许米来掷地，皆成丹砂"。麻姑的手很特别，像鸟的爪子。有一个不知深浅的蔡经，想让麻姑用手给他挠背。王方平生气了，用鞭子抽打蔡经，说："麻姑是神仙，你知道吗？"

麻姑的寿命极长，她已经看到"东海三为桑田""蓬莱水又浅矣"。沧海变桑田，一次需要几千万年。麻姑看到了三次沧海变桑田，说明她的寿命也至少有数个几千万年了。民间传说她是寿仙，就不足为怪了。

一种是将军麻秋之女。清褚人获著《坚瓠秘集》卷三引《一统志》云，传说麻姑是后赵石勒时麻秋之女。麻秋是十六国时后赵的征东将军，是胡人。在历史上，麻秋以残暴出名。民间相传，小孩夜间啼哭，母亲就吓唬孩子："麻胡来了！"麻姑雅慕神仙，深知道术。相传她曾多次劝谏父亲说："杀人还自杀，好生还自生，希望您不要枉杀人命。"麻秋不仅不听，在发现麻姑帮助民工后，还用鞭子打她。麻姑一怒之下，离家出走，来到罗山修炼。后来，麻姑在望仙桥飞升。

还有一个关于麻姑的传说。元朝至元（1264—1295年）年间，村妇刘氏忽梦一女官，自称麻姑，乞求用堂前大槐树修庙。睡梦中的刘氏假意应允。醒来后，她觉得此事有异。几天后，忽然风雷大作，堂前大槐树旋即被风连根拔起，随风雨而去。刘氏匆忙赶往麻姑庙，只见大槐树已卧在庙前。

据说，王母娘娘在农历三月初三日圣诞时，隆重举办大

麻姑

麻姑，《有象列仙全传》，
明王世贞辑次，明万历时期汪云鹏校刊本

型的蟠桃盛会，麻姑亦在嘉宾之列。她精心准备了一份特殊的礼物——绛河水和灵芝酿造的甘甜美酒。王母娘娘得到此酒，非常高兴。这就是著名的"麻姑献寿"的故事。

麻姑的老家，据说是江西省南城县。那里有座麻姑山，山姿秀美，景色宜人。这是道教三十六洞天的第二十八洞天，叫"麻姑山丹霞宛陵洞天"。又是七十二福地的第十福地。唐朝著名书法家颜真卿任抚州刺史时，曾撰写了《麻姑山仙坛记》，至今犹在。晋朝的真人葛洪就曾于此炼丹。相传，麻姑在此得道升天。

第五章

真人神

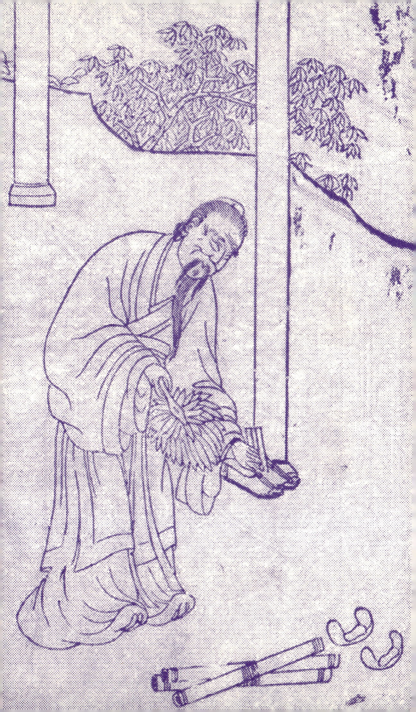

彭祖

彭祖是中国古代神话传说中的寿星老和养生家。据西汉刘向著《列仙传》、明洪应明著《仙佛奇踪》和《绘图历代神仙传》的记载，彭祖是殷朝时的大夫，姓篯，名铿。上古五帝之一颛顼的孙子，陆终氏的儿子。陆终氏生六子，他是第三子。

彭祖经历的时代是夏朝到殷朝末年。帝尧的时候，擅长烹饪野鸡汤的他主动进献，尧便把彭城封给他，所以后世称他为彭祖。舜的时候，他师从神仙尹寿子，得到真传，之后隐居武夷山。到商代末年，已有七百六十七岁（或说有八百余岁）。另有学者解释，上古用干支记日法，一个甲子就是六十日，若按七百六十七个甲子计，彭祖则活了四万六千零二十日，即一百二十六岁。总之，彭祖作为长寿的象征，连春秋的先圣孔子都很倾慕他，庄子和葛洪也赞叹他寿命之长久。

可见，彭祖最值得研究的是他那独到的养生术。总结起来，共六个字。第一是静。彭祖心静，不为仕途忙碌。商王请他做大官，他虽然勉强接受了，但常托病不上朝。第二是补。他用水桂花、云母粉、麋角散自制补药，日日进补，致容颜不老。同时，还要通阴阳。第三是行。他有车马，但基本不用，出门就靠两条腿，即使出门百日也是如此。第四是少。他吃得少。他出外周游，无论多久，都不带干粮。第五是养。他每日行导气之法，攻治患处，存精神于体内。第六是廉。商王为讨得长生不老之术，赠予彭祖数万金，彭祖都分给了百姓。

由于彭祖百般推脱，不肯向商王传授长寿之术。商王便请来采女，间接向彭祖问道。彭祖告诉她，君王要成仙，须养精、服药，兼佐以男女交接之道。这是彭祖养生的一个关键法门——通阴阳。采女获得了秘籍后，便传授给商王。商王既得秘籍，贪心骤起，欲独霸之，便下令将所有传播彭祖之术的人处死。等官兵到了彭祖的住所，其人已不见踪影。后来，商王淫荡过度而死。民间则传说，是彭祖施了道法，将商王除掉了。

彭城在今江苏省徐州市。这里名人辈出，除彭祖外，还有汉高祖刘邦、五斗米道创始人张道陵、东吴大帝孙权、西楚霸王项羽、明太祖朱元璋等历史上赫赫有名的大人物。徐州是彭祖故国，这里有关彭祖的古迹也非常多，有彭园、彭祖祠、彭祖庙、彭祖墓、彭祖井等。

42

张天师

张天师即张道陵（34—156）。原名张陵，字辅汉，东汉沛国丰（今江苏省徐州市丰县）人，曾任江洲（今重庆市）令。五斗米道的开创人，道教的创立者。后代道教徒尊称他为"张天师"。既然被尊为天师，其来历自然也就被神化了。

传说，张道陵母亲感孕而生。东汉光武帝建武十年（34），

张天师，明代徽派版画，选自《仙佛奇综》。此套大致为明万历三十年（1602）序刊本

一〇一

张道陵的母亲梦见魁星星君降临。她醒来后，闻到室内芳香萦绕，久久不散，同时还发现自己怀了身孕。一年后，其子降生，取名张道陵。张道陵青年时期曾入当时的最高学府太学学习，博通五经。后来有一天，他顿悟"高官厚禄都无益于生命"，于是弃学从道，寻找长生之法。不久，他发现这些非己所长，便另寻他途。

创办五斗米道。张道陵来到四川，见鹤鸣山（今四川省成都市大邑县境）仙气缭绕，便住了下来。不久，他撰写道书二十四篇，为道教的创立积累了理论基础。一日，天人千乘万骑，坐羽盖金车，纷纷而下。有的自称是柱下史，有的自称是东海小童，传给道陵"新出正一明威之道"。他就用此道为百姓治病。治好病的百姓将他奉若神明，自称弟子。由此，来拜他为师的有数万人。张道陵创立道派，凡入道者须交五斗米，故称五斗米道。

明代作家洪应明撰《仙佛奇综》记载张道陵仙迹，活灵活现，想象非凡。相传，张道陵是个神童，七岁就通晓《道德经》。后来选拔贤良方正，他当上了官。但是，他身在仕途，心想修炼。于是，便弃官入蜀，求真学道。来到鹤鸣山，收下弟子王长。他们在一起精炼龙虎大丹，三年丹成。张道陵此时年已六旬，吃了仙丹，相貌变得如三十多岁的年轻人。后来，他们找到了《皇帝九鼎太清丹经》，照此修炼，就获得了神通，可以分形散神。张道陵先后降伏了白虎神、大毒蛇，声威大震。一日，张道陵忽然梦见太上老君命他去降服六大鬼神，并赐给道陵经卷、秘诀，以及雌雄剑二把，都功印一枚。后来，张道陵与六大魔王经过一场苦战，降服了他们。由于张道陵能铲除人间妖魔，得到太上元始天尊的嘉许，升入天堂。时年一百二十三岁。

张天师在民间拥有众多崇

拜者。由于张道陵张天师神通广大、法力无边，可以降妖伏魔、驱鬼除怪、祛病延年、招福纳禄，所以深受民间百姓的崇拜，向他烧香祈福的信徒众多。张道陵后代世世有一子承袭"天师"名号，一律统称张天师。张天师代有传人，不绝如缕。其祖庭在江西省贵溪县龙虎山上清宫。据说，此处是张道陵最早修道炼丹的草堂。张道陵创立早期道教于四川，约百年后他的第四代孙张盛张天师于晋初将传道中心迁还龙虎山，并在张道陵所筑之坛旧址建传箓坛。现在，张天师已经传至六十五代，其名张意将，现居中国台湾。

经历代经营，龙虎山建成了拥有十大道宫、八十一座道观、号称"仙都灵会"的庞大道教胜地。世称道教第三十二福地。嗣汉天师府，简称天师府，是历代张天师的起居之所。历代帝王推崇其道，官其子孙，修建府第。天师府多达五百余间。楼房殿阁，龙柱金

壁，宏大瑰丽，形似皇宫。其中天师住房和养生殿，面积九百多平方米。上清宫是我国规模最大、历史最久的道宫之一。

43

三茅真君

三茅真君，是道教神仙。三茅，即三位陕西咸阳的茅氏兄弟，大哥茅盈、二弟茅固、三弟茅衷。他们是道教茅派尊奉的祖师，被信徒尊称为大茅君茅盈、中茅君茅固和三茅君茅衷。

儿歌唱道：跟着师父上茅山，茅山有个茅老道。茅山，原名句曲山，位于江苏省句容县，是道教第八洞天。三茅真君的大哥茅盈在十八岁那年，立志修道，离家出走，从咸阳出发，先赴恒山，再到茅山，隐居修行三十载。他就是儿歌

中的茅山那个茅老道。四十八岁那年，茅盈决定回家，看望父母兄弟。

三十年过去了，茅家变化很大。父母双亲日日盼儿归，心情忧郁，已老态龙钟。好在二弟茅固、三弟茅衷都很出息，考上功名，在朝为官。这天，父亲见茅盈回来，又爱又恨，抄起一根木棍向其打来。茅盈也不躲闪，小施仙术，木棍立断为两截，还将堂外的影壁墙穿了个大洞。父亲大惊，便追问茅盈这些年的去向。茅盈便一五一十地将他学道的过程讲给父母听。父亲将信将疑，问："你能起死回生吗？"茅盈答："罪恶之人无法，但暴死者可生。"恰好村中有一青年暴毙，茅盈一番作法，青年慢慢醒了过来。村中人啧啧称奇，称他为"茅神仙"。

二弟茅固、三弟茅衷得知大哥回家，便快马回家团聚。他二人见大哥茅盈法术了得，心生学道之意。茅盈住了些日子，便向双亲告辞。两位弟弟也打定主意，辞去官职，与大哥一起修行。后来，在茅盈的帮助下，二弟茅固、三弟茅衷都得以升天成仙。

三茅真君，《三教源流搜神大全》

兄弟三人在天庭朝见玉皇大帝，得封"九天司命三茅应化真君"，这就是三茅真君的来历。三茅真君是道教上清派的始祖，他们升天后，后人为祭祀之故，将句曲山改名为茅山，并建三茅真君庙，顶礼祭拜。

如今，江苏茅山不仅是道教"第一福地"，还是旅游风景区。茅山有崇禧、元符、九霄三宫，其中九霄万福宫的太元宝殿供奉着三茅真君的贴金塑像。大哥茅盈居中，二弟茅固、三弟茅衷分列左右。该宫还有飞升台，是大哥茅盈升天之地。二圣殿供奉着三茅真君的父母。到江苏旅游，这里是个好去处。

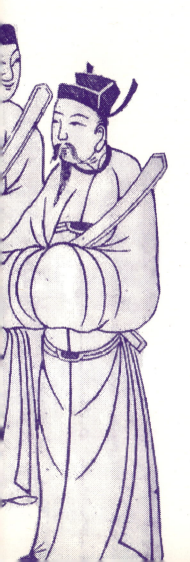

44

许真君

许真君，本名许逊(239—374)，东晋著名道士，字敬之，汝南（今属河南）人。曾为旌阳县（今四川德阳县，一说湖北枝江县北）县令。

据说政绩卓著，吏民悦服。后见晋室纷乱，弃官东归江西南昌，周游江湖。传说东晋宁康二年 (374年) 在江西南昌西山，全家四十二口拔宅飞升。宋代封为"神功妙济真君"。世称许真君或许旌阳。传说许真君道行甚高，做了很多好事。

其一，出身不凡，拜师得道。

据宋代佛道名书《太平广记》记载，许真君的祖父许琰、父亲许肃，都是笃信道教的。东晋尚书郎许迈、散骑常侍许穆，都是许真君的同族人。据道书记载，他少年时曾入山射鹿，鹿胎堕地，母鹿不顾自己的箭伤，折回头来伤心地舔其子而死。许真君怅然感悟，遂折弓弃矢，锐意修道。许真君聪明颖悟，博通经史，明晓天文，熟谙五行，深知谶纬。对道教的神仙修炼之术，尤其喜好。许真君少年时，就拜道教高人大洞君吴猛为师，得到真传《三清法要》，道功大进。

其二，巧解迷梦，欲止叛乱。

据宋代佛道名书《太平广记》记载，当时，镇东大将军王敦欲叛。许真君以为王敦卜算为名，欲制止王敦的恶行。王敦问道："孤作了一个怪梦，想请先生破解一下。"许真君说道："请大将军道来。"王敦说道："孤做了一个梦，用一根大木头捅破了天，这是不是预示孤要十拿九稳地得到帝位了？"许真君机智地答道："这可不是一个好梦。"王敦奇怪地问："为什么？"许真君巧妙地说道："'木'字上边捅破了'天'，应该是个'末'字，将军不可妄动。晋朝的命运还没有衰败。"王敦听后大怒，但暂时隐忍，请其饮酒，欲在酒席宴间动武。许真君识破其阴谋，将酒杯掷起，酒杯绕梁而飞。王敦举目看杯，许真君乘机隐身脱逃。后来，王敦不听劝告，举兵造反，果然死于军中。

其三，剪除蜃精，为民除害。

据宋代佛道名书《太平广记》记载，江西累为洪水所害，是有蛟蜃（shèn）之精作怪。一日，许真君在豫章郡（今江西省南昌市）偶遇一美少年，美少年自称慎郎。许真君和他说了几句话，就发现美少年不是人类。过了一会儿，美少年就借故离开了。许真君对门客说道："刚才来的那个少年，是个蛟蜃之精。江西累为洪水所害，就是因为它作怪。如果不及时剪除这个妖怪，恐怕他要逃遁。"

蜃精已经觉察到许真君识破了他，就潜藏到龙沙洲北边，化作一条黄牛。许真君以道眼遥观，对弟子施大王说道："那个蜃精已经化作黄牛。我现在化为黑牛，把手巾挂在脖子上，你可以认出是我。你如看到牛互相争斗，就用剑截后。"许真君就化身而去。须臾，果然看到黑牛向黄牛奔去。施大王用剑向黄牛砍去，砍中黄牛的左股。黄牛逃遁，又化作美少年。这个美少年，

既漂亮又富有。潭州刺史贾玉有女，匹配给美少年。后来，许真君追踪而至，将蜃精杀掉，为民除害。明朝作家冯梦龙《警世通言》第四十卷"旌阳宫铁树镇妖"，描写的就是这件事。

其四，全家升天，仙迹留存。

传说，东晋孝武帝宁康二年（374）八月一日，于洪州（今江西省南昌市）西山，有仙人自天降，对许真君说："奉玉皇诏，授子九州都仙太史高明大使。"八月十五日，举家四十二口拔宅上升，鸡犬随之。只有一个石函、一个药臼、一具车毂、一座锦帐，从天上的云彩里坠落在故宅上。这真是一件奇事。故乡的人，就把故宅围起来，名"游帷观"供人们参观。

许真君活了一百三十六岁，是个长寿真人。许真君升天后，被封为护卫玉皇大帝灵霄殿的天师，从此位列四天师之一。四天师就是张道陵天

师、葛洪天师、许逊天师和丘处机天师。

江西省南昌市西山万寿宫是许真君宫。坐落于距南昌市西南三十公里的西山逍遥山下，是为纪念著名道家人物许真君所建。道教认为除了凡人居住的世界外，还有神仙的处所三十六洞天、七十二福地。许真君栖身修炼的西山则为第四十福地。因他在此仙逝，故又称"飞升福地"。

西山万寿宫始建于东晋太元元年（376），初名许仙洞，南北朝改游帷观。宋真宗大中祥符三年（1010），升观为宫，皇帝亲书"玉隆万寿宫"赐额。政和六年（1116），宋徽宗下诏书重建，使其规模扩大，"埒于王者之居"，成为中国最大的道教圣地之一。明清及现代亦多次重修，始成今日之宏伟面貌。万寿宫内，许真君塑像坐中央，坐像头部为黄铜铸成，重五百斤。每年农历八月初一日许真君诞辰日，这里都要举行盛大的庙会，前来赶会

进香和游览的人络绎不绝。

45

葛仙翁

葛洪（约281—341），字稚川，号抱朴子。丹阳句容（今江苏省句容县）人。东晋道教理论家、医学家和炼丹术家。葛洪的从祖父（其父之叔父）是道教葛仙公葛玄（164—244）。

葛洪十三岁时，父亲去世，家道衰落，但他仍然努力向学。十八岁时，到了庐江的马迹山，拜方士郑隐（葛玄之徒）为师，学习《正一法文》《三皇内文》等道家经典，还掌握了《黄帝九鼎神丹经》《太清神丹经》等炼丹著述。从此，葛洪由崇信儒家逐渐转向笃信道教。

公元306年，葛洪到广州向南海太守鲍靓（liàng）学习

神仙方术。鲍靓很欣赏葛洪的才能，不仅把自己的知识传授给他，还把自己的女儿嫁给了他。

葛洪从广州返回故里后，潜心修行著述十余年。由于瘟疫流行，葛洪还学习了医术。317年前后，葛洪终于写成了《抱朴子内篇》二十卷，专门谈"神仙方药，鬼怪变化，养生延年，禳（ráng）邪却祸之事"。此书是中国炼丹术史上一部重要的经典著作，全面概括和总结了从西汉到东晋中国炼丹的早期活动和基本成就。此外，还著有《抱朴子外篇》五十卷、《神仙传》十卷，成为名副其实的炼丹术家。

葛洪还撰写了《黄帝九鼎神丹经》和《太清神丹经》，是了解中国早期炼丹术的珍贵史料，可惜这两部书已经失传。在葛洪的《抱朴子内篇·金丹篇》中，比较系统地介绍了这两部书，叙述了各种神丹大药的炼制，并在书中阐述了他自己的金丹长生观。

葛洪在医学方面成绩卓著。他著有《玉函方》一百卷，可惜，这本书失传了。葛洪还写了一部医学著作《肘后备急方》，共三卷。经过后世陶弘景、杨用道等人的整理，增广为八卷。"肘后"的意思是指这本书可以随身携带在胳臂肘后面；"备急"的意思是指该书主要是用于急救病人。该书是中国最早的医学"急救手册"。葛洪的《肘后备急方》流传到现在已经一千六百多年了。

葛洪后来长期在广州罗浮山（位于今广东博罗县东江之滨）修行。罗浮山又称作东樵山，是道教的"第七洞天"和"第三十二泉源福地"。山上有都虚、孤青、白鹤、酥醪四庵，乃葛洪亲自建造。其中，都虚庵在罗浮山东麓朱明洞南，是葛洪修道炼丹行医采药的场所。东晋时期，在这里兴建了葛洪祠，用来祭祀葛洪。唐天宝（742—756）年间，葛洪祠扩大为观。1087年，宋哲宗赵煦赐额"冲虚观"。在冲虚观的侧旁，有葛洪的炼丹灶。1094年，苏轼被贬经过罗浮山时，题"稚川丹灶"四个字于炼丹灶上。冲虚观历代屡经战火，现存建筑是清同治（1862—1874）年间重修的。如今，冲虚观是全国道教重点宫观，广东省重点文物保护单位之一。

二徐真君

46

福建青圃流传着一句话："欲识北京皇帝殿，先看青圃灵济宫。"灵济宫为何能比皇帝殿且让青圃人如此自豪呢？因为灵济宫内供奉的是二徐真君。二徐真君是什么来历呢？

二徐真君是徐氏兄弟二人，一名徐知证，一名为徐知谔，五代十国之吴国人。父亲徐温是朝中权臣，徐温死后，其养子徐知诰称帝，建立南唐。兄弟二人获封江王、饶王。可见，二位真君的出身显贵异常。

据明谭希思撰《明大政纂要》记载：二徐真君曾奉命带兵进入福建境内，平定盗乱，维护社会秩序，且能做到秋毫无犯，从不扰民，当地百姓感恩戴德，便在今福州市闽侯县青圃村为二徐真君立生祠祭祀。据说，生祠建好后，二徐真君经常显灵，"累著灵应"。

据明陈明鹤著《晋安逸志》记载："男子曾甲，世居闽县金鳌峰下灌园，园中有破祠，其神尝栖箕，自称兄弟二人，南唐徐知诰之弟知证、知谔也。晋开运二年（945），率师入闽，秋毫无犯，闽人祀我于此。自是书符疗病，验若影响。"这是说，有一位姓曾的人在青圃浇园，园内有一间破败的祠堂。他曾经看见有神仙在簸箕上休息。神仙自称是南唐皇帝徐知诰的弟弟徐知证和徐知谔，因于后晋开福二年带兵入闽，秋毫无犯，当地人便在此为我们立祠。就这样，徐氏兄弟借助为民疗病，声名日著。二徐真君遂成为福建的地方神。

灵济宫不仅福建有，北京也曾经有过。北京的灵济宫名洪恩灵济宫，始建于明成祖永乐年间（1403—1425），为皇家敕建，规模宏大。这里供奉的也是二徐真君。那么，北京为何要供奉他们呢？此事还得从前面那个"曾甲"说起。

据明黄瑜著《双槐岁钞》记载："入国朝，灵应尤著。有道士曾辰孙者，扶鸾则二神降之。文皇帝遣人祷祠辄应。间有疾问神，神降鸾书药味，如其法服之，每奏奇效。"这是说，到了明朝，二徐真君更加灵验。有位名曾辰孙的道士（即曾甲）占卜，二徐真君则显灵。明成祖朱棣派人往二徐真君祠祷告，神仙必有回应。其间向二徐真君问问病情，二徐真君会降书符药方，按其方

法服药，每次都药到病除。

明成祖永乐十五年（1417），朱棣敕封徐知证为"九天金阙明达德大仙显灵薄济清微洞玄冲虚妙感慈惠洪恩真人"；敕封徐知谔为"九天玉阙宣化扶教上仙昭灵博济高明弘静冲湛妙应仁惠洪恩真人"。同年，命以福建灵济宫为祖宫，敕建北京灵济行宫。这就是福建和北京两地灵济宫的历史渊源与来龙去脉。

明宪宗以后，对灵济宫的祭祀和对二徐真君的膜拜开始走下坡路。到明思宗崇祯十五年，朱由检应大臣之情，下旨禁止祭祀灵济宫。二徐真君在北京的名气也渐渐衰弱。如今，北京灵济宫早已荡然无存，而福建青圃灵济宫的香火依然旺盛。

陈抟老祖

提到陈抟老祖，人们会立刻联想到寿星。其实，他不仅是寿星，而且还是五代宋初著名的思想家、哲学家、内丹学家、太极文化传人。

陈抟（？—989），字图南，号扶摇子，赐号"白云先生""希夷先生"，一说是亳州真源（今河南鹿邑东）人，另一说是普州崇龛人（今重庆潼南西境）。当时道教门徒都称其为陈抟老祖。

陈抟老祖年少时，通读经史，无所不通，立志从政。但因进士不第，于是放弃仕途，弃儒从道，游山求仙。他隐居武当山修学老庄，服气辟谷，长达二十载。后在四川，陈抟老祖拜神仙何昌一为师，学锁鼻术（即胎息内养气功）；拜善相术的麻衣道者为师，学习易经。十年后，他入峨眉山，号"峨眉真人"。

后周显德三年（956），陈抟老祖应世宗皇帝柴荣召见。柴荣问以炼丹飞升之术，陈抟老祖答曰："陛下为四海之王，当以致治为念，奈何留意黄白之事（即炼丹术）乎？"世宗遂赐号"白云先生"。宋太祖元年（960），宋太祖赵匡胤一召陈抟老祖，不至，以示终生不仕之志。宋太宗太平兴国二年（977），赵匡胤二诏入阙，陈抟老祖献济世安民"远近轻重"之策，即"远招贤士，近去佞臣，轻赋万民，重赏三军"。太平兴国九年（984），赵匡胤三召陈抟老祖，仍表终生不仕之志。于是，赵匡胤赐号"希夷先生"。何为希夷？《老子》："视之不见名曰夷；听之不闻名曰希。"宋太宗端拱二年（989）农历七月二十二日，陈抟老祖仙逝于华山张超谷石室，享年逾百岁。

陈抟老祖留下的文化遗产中有刻于华山石壁上的《无极

图》，认为万物一法，只有超绝万有的"一大理法"存在。这种观点经理学家周敦颐、邵雍推演，成为宋代理学思想的组成部分。此外，他还著有《太极先天图》，解释了内炼五大程序，即：得窍、炼己、和合、得药、脱胎。陈抟老祖不仅有思想家、哲学家等名头，他还有一个更响亮的名头——睡仙。

他曾自撰过一首《睡歌》，表明了自己的睡眠欲望。歌中唱道："臣爱睡，臣爱睡，不卧毡，不盖被，片石枕头，蓑衣覆地。"有一次，后周世宗柴荣闻其睡仙之名，便将陈抟老祖召入宫中，准备看看睡仙的功力。结果，陈抟老祖也没客气，倒地就睡，而且这一睡就是一个月。

陈抟老祖还擅长书法，其书多为行书，字大四尺，雄浑有力。山东省蓬莱市蓬莱阁有陈抟老祖手书"福"字碑，类似的"福"字碑在四川安岳、重庆大足、陕西华山等地皆有保存。

安徽省亳州市有陈抟庙，始建年代不详。庙内有清光绪年间所刻"希夷故里"古碑一方，表明当地与陈抟老祖的密切关系。

山东蓬莱阁上的陈抟手书"福"字碑

王重阳

王重阳（1112—1170），金代道士。道教全真道的创始人。原名中孚，字允卿，后应武举，易名德威，字世雄。自呼三王（排行第三）或王害疯。

王重阳祖籍陕西咸阳，自幼好读书，才思敏捷，擅长骑射。齐阜昌（1130—1137）年间，应礼部试，未第。金熙宗天眷（1138—1140）初年，又应武举，考中甲科，志气大增，期望将来大展宏图。孰料，朝廷仅派其充当一名收纳酒税的小吏。他不由得怒火中烧，忿然辞官，回到故里。之后，他借酒浇愁，自暴自弃，终日百无聊赖。他曾一度试图皈依佛教，但未能如愿。

1160年秋天，奇事发生了。王重阳在甘河镇的一个酒铺里遇见一位隐士，隐士授其金丹道口诀。据说这位隐士就是大名鼎鼎的吕洞宾、钟离权的化身。这次奇遇改变了王重阳的命运，竟成了他皈依道教的机缘。后来全真道对王重阳的这次奇遇十分重视，大肆渲染，称为"甘河遇仙"。次年，王重阳又巧遇刘海蟾，更加坚定了他终身事道的决心。于是，抛家弃子，改名嚞（zhé）字知明，悟道出家，当了道士，道号重阳子。又过了一年，即1161年，王重阳四十九岁，始在南时村筑墓。这是一个极为特殊的墓，人称"活死人墓"。它有一个深四米的洞穴，王重阳便在洞穴中坐禅，从此同禅僧过从甚密。"活死人墓"的称谓，也许意味着俗人王世雄已经死去。在洞穴中坐禅两年后，他于1163年埋掉洞穴，开始一面修行，一面进行布教的活动，可是没有信徒追随。于是，他痛下决心，亲手烧掉茅庵，于1167年，离开陕西，前往山东，传道度人。

到达山东，他始收第一个弟子马丹阳，这成为全真道蓬勃兴起的一个转机。此后，王重阳受到更多信徒的信赖，与在陕西时的境遇大相径庭。他先后收到马丹阳、谭处端、刘处玄、丘处机、王处一、郝大通、孙不二等高徒。因王重阳在山东宁海自题其庵名为"全真堂"，故凡入道者皆称为全真道士。

金世宗大定九年（1169年），五十七岁的王重阳又作出了一个大胆的决定。他带领马丹阳、谭长春、刘长生、丘处机等四名高徒回归故乡陕西。不料，次年一月在大梁（今河南开封）病故羽化，时值1170年旧历元月初十日，归葬于终南山刘蒋村故居（今陕西户县祖庵镇）。后全真道尊奉该地为祖庭。

王重阳主张儒、释、道三教合流平等。他提倡"全神炼气""出家修真"，不炼外丹，并制定了道士出家的制度。他主张修道者必须断绝酒色财气、攀援爱欲和忧愁思虑，如此虽身处凡尘而心已入圣境。

这些对人生都具积极意义。

其著作有《重阳全真集》《重阳教化集》《重阳立教十五论》等。

49

丘真人

丘真人（1148—1227），金代道士，道教全真道北七真之一。姓丘，名处机，字通密，号长春子，亦作邱处机，登州栖霞县（今属山东）人。丘处机生而聪敏，有相面人说："此子当为神仙宗伯。"十九岁时，他辞亲出家，居宁海昆仑山（今山东牟平东南），拜王重阳为师，入全真道。

金世宗大定九年（1169），王重阳携弟子四人西游，次年途中得道飞升于开封，临终前嘱咐道："处机所学，一任丹阳。"自此，丘处机在马丹阳教诲下，知识和道业迅速长

丘处机像

进，与其他师兄弟合称"全真七子"。他们是：丹阳子马钰、长真子谭处端、长生子刘处玄、长春子丘处机、玉阳子王处一、广宁子郝大通、清静散人孙不二（马钰之妻）。全真七子随王重阳一起弘扬道教全真道派。

丘处机在王重阳仙化后，于金世宗大定十四年（1174），入磻溪穴居，乞食度日，一心修道，历时六年，行携蓑笠，挡风遮雨，不以为苦，人称"蓑笠先生"。后又赴陇州龙门山（今宝鸡）隐居潜修七年，与世隔绝。这期间，他"烟火俱无，箪瓢不置""破衲重披，寒空独坐"，生活极为清苦，但"静思忘念，密考丹经"，潜心于养生学和道学的研究，并广交当地文人学士，获得了丰富的历史、文化知识，终于成为全真道龙门派创始人。从此，名声远播。

此时，丘处机做了生平的第一件大事，即应皇帝金世宗圣诏到北京传教。

丘处机虽长期从事宗教活动，但对社会问题有着敏锐的洞察力。他深知要使自己的理论有长盛不衰的生命力，必须要得到统治阶级的全力支持。他首先取得当时信奉道教的金世宗青睐。金世宗大定二十八年（1188）三月，四十岁的丘处机应金世宗诏，一月内两次奉旨进京，探讨其长生与治国保民之术。塑王重阳、马丹阳（时已去世）像于宫观，主持了"万春节"醮事。对皇帝作出了"持盈守成"的告诫。丘处机首次向最高统治者宣传自己的"剖析天人之理，演明道德之宗，甚惬上意"主张，并取得了成功，为其扩大全真道的影响和提高自己的社会地位无疑起了重要作用。

丘处机生平做的第二件大事，是应元太祖成吉思汗圣诏亲赴中亚。

金朝末年，丘处机见国势衰败，便隐居于家乡栖霞传道授徒。期间，他笔耕不辍，不断总结和整理全真道的理论。

50

丘处机一生的著述有《摄生消息论》《大丹直指》《磻溪集》《玄风庆会录》《鸣道集》等。

金兴定三年（1219），成吉思汗西征途中，听随行的中原人介绍丘处机法术超人，遣使相召。次年秋，七十二岁的丘处机毅然接受了成吉思汗之邀，率弟子尹志平、李志常等十八人，长途跋涉，历尽坎坷，耗时二载，终于在大雪山（今阿富汗兴都库什山）与成吉思汗会见。当时的丘处机已经是七十四岁的老人了。他向元太祖进言"敬天爱民为本""清心寡欲为要"，成吉思汗闻之大喜，特赐号"神仙"，赏爵"大宗师"，命其在燕京（今北京）掌管天下道教。自此，全真道得到长足发展。

丘处机死后，元世祖至元六年（1269）褒赠"五祖七真"徽号，赐号"长春演道主教真人"，世称"长春真人"。遗骸葬北京白云观处顺堂（今邱祖殿）。徒弟李志常著《长春真人西游记》，记其西行经过。

萨真人

萨真人，原名萨守坚，又称萨天师，崇恩真君。宋代著名道士，号全阳子。一说为蜀西河（今四川省郫县唐昌镇）人，一说南华（南华山在今山东省东明县东南）人。道教将其与张道陵、葛玄、许逊并称为四大天师。

俗话说：男怕入错行。萨守坚本是医师，但医术平平，甚至说他是庸医也不为过，因为他曾经误开药方将病人医死。不得已，萨守坚弃医从道。这次他终于选对了行。他在学道的路上先是在青城山遇到了神霄派创始人王文卿和林灵素，获传咒枣术和扇疾术；后在龙虎山遇到第三十代张天师张虚靖，获传雷法，从此萨守坚法术大进。萨守坚除法术济贫拔苦、铲奸除害、为民报冤外，还将经验和知识总结成册，撰著《雷说》《内天罡诀法》《续风雨雷电说》等书，存于《道法会元》经籍之内。明成祖朱棣笃信道教，封萨守坚为"崇恩真君"，供奉在北京天将庙（后易名显灵宫）。

说到天将庙，还得提到一个人。他是萨守坚的徒弟，但名气比萨守坚大得多。他就是王灵官。明成祖朱棣在敕封萨守坚的同时，还封王灵官为"隆恩真君"，将两人一同供奉在天将庙内。

此后，萨守坚道行更高，名声更大。玉皇大帝封其为"天枢领位真人"。

张三丰

51

张三丰是个说法最多的神仙。他是何时人、他在何地生、他姓氏如何，这些都是一团谜，众说纷纭，莫衷一是。

他到底是何时人？《异林》说是宋时人，常从太守入华山谒陈抟。《明史》或曰金时人，无名氏作传又说出自元末。《张三丰先生全集·集记》定为元初人。

他到底在何地生？其籍贯何处，也歧说纷出。《山西通志》说是平阳人或猗氏人，《陕西通志》说是宝鸡人，《四川总志》谓或曰天目人。但以辽阳懿州（今属辽宁）人一说较多，《集记》予以肯定，并举出其父母墓在辽阳积翠山。

他到底姓甚名谁？其名与字，尤为杂乱纷歧。其名：一名通，一名金，一名思廉，一名玄素，一名玄化。其字：字曰玄玄、山峰、三峰、君宝，《檗记》又称字君实、铉一、全一。其号：昆阳；因不修边幅，又号张邋遢。

综上，张三丰生于元初，辽阳懿州人，一名君宝，号昆阳，外号张邋遢。

据称张三丰聪明过人，过目成诵，行为怪异，有奇士相。

一年到头，只一衲一蓑。一餐能食升斗，或数日一食，或数月不食。料事如神，事能前知。最初住在宝鸡县，后入武当山。明太祖洪武二十四年（1391），明太祖派遣使臣在全国寻找他，但没有找到。明成祖永乐初年，朱棣又派遣使臣到处察访，还是没有找到。明英宗正统元年（1436），朱祁镇封"通微显化真人"。明宪宗成化二十二年（1486），朱见深封"韬光尚志真仙"。明世宗嘉靖四十二年（1563），朱厚熜封"清虚元妙真君"。后人辑有《张三丰先生全集》。

据传，张三丰曾经在湖北武当山（太和县）结庐修行，修炼时间长达二十余年。按理，《太和县志》应该对张三丰有详细记载，但那里并没有关于张三丰会拳术的记述。

张三丰真正为民间所熟知，那是明成祖朱棣以后的事。明太祖朱元璋有二十六个儿子。朱元璋立长子为皇太子，但皇太子不久病逝，就立长孙朱允炆为皇太孙。同时，将诸位皇子分封到各地为藩王，第四子朱棣封为燕王。后来，明太祖病逝，皇太孙朱允炆继位，是谓建文帝。建文帝感到，对他的皇位构成最大的威胁是诸位封王的皇叔。为此，建文帝就采取了削藩的策略。他先是削掉了五位较弱的藩王，将他们废为庶人，燕王朱棣亦岌岌可危。早有准备的朱棣杀掉朝廷大员，起兵造反。经过四年的苦战，最后攻占首都南京，赶跑了建文帝，自己做了皇帝，是谓明成祖。但是，建文帝的下落却是个谜。

建文帝朱允炆的遗踪有多种说法。有的说，他被宫中的大火烧死了；有的说，他出家当了和尚；有的说，他成功地逃到了云南；有的说，他出逃到了海外。

对于建文帝朱允炆的下落，明成祖朱棣是非常关注的。因为这关系到他的政权的稳定。为此，明成祖朱棣就不惜重金，兴师动众，到处秘密察访建文帝朱允炆的踪迹。

第一个被派出寻找建文帝朱允炆踪迹的是太监郑和，他与王景弘等人于永乐三年（1405）出使西洋，目的之一是寻找建文帝朱允炆。《明史》中说："成祖疑惠帝亡海外，欲踪迹之。"于是便有了"三保太监下西洋"的盛事。

第二个受命秘密察访建文帝朱允炆踪迹的是户科都给事中胡濙（yíng）。明成祖永乐五年，朱棣命他以颁御制诸书及访寻仙人张邋遢（张三丰）为名，"遍行天下州郡乡邑，隐察建文帝安在"，其主要任务是想查找建文帝朱允炆的踪迹。但收获不大，除了得到更多的传闻，并未有实质性的进展。然而，都给事中胡濙的察访，地域很广、层次很深、时间很长，而且是以察访道士张三丰的名义进行的。因此，民间就都知道了皇帝要寻找一个著名道士张三丰。张三丰由此名声大噪，百姓皆知。

直到明成祖永乐二十一年

（1416），根据胡濙的密报，明成祖朱棣深信建文帝朱允炆已经死去，才下令停止追访。但是，这已经过去二十一年了。而这二十一年间，张三丰的名声已经深入人心。为此，明成祖朱棣不得不在武当山大修道观，以掩人耳目。

明成祖朱棣知道，自己的皇权是武装抢夺来的，名不正言不顺。为此，明成祖朱棣尊奉道教真武帝君，希图造成皇权神授的印象。湖北均县武当山是我国道教名山之一，从周朝开始，即成为著名的道教圣地。明成祖永乐十一年（1413）六月，朱棣令隆平侯张信、驸马都尉沐昕等人，征调军匠民夫三十多万人，大规模营建武当山道教宫观。明成祖朱棣下诏谕示群臣："创建武当山宫观，借太祖、太后之福，祈求天下黎民百姓，岁丰人康。"

营建武当山宫观用了近六年时间，到明成祖永乐十六年（1418）十二月竣工。宫观建成后，明成祖朱棣赐名为"太岳太和山"，并把二百七十七顷农田连同田上农户一起赐予宫观，以供衣食之用。另又挑选道工近三百人负责管理、洒扫宫观等事宜。宫观包括殿观、门庑、享堂、厨库数百间，明成祖朱棣还亲制碑文记述这一事件。

武当山经过这次大规模营建之后，吸引了大批香客、游人。各地藩王也无不效仿，纷纷在所在各州设立道观。为此，明成祖朱棣在各州设置官吏和千户所，用以管理道教事务。明成祖朱棣以后，凡新皇帝即位，都派使臣前往武当山祭拜真武帝君，以此表明自己受命于天。后来的明世宗嘉靖皇帝再次对武当山宫观进行大规模修建，奠定了武当山八宫、两观、十祠、三十二庵的规模。

武当山道观里的铜铸塑像，别具一格。明成祖朱棣扩建的武当宫观内有大小道教神像数以万计，这些塑像以铜铸像为主，制作精细，充分显示了当时高度发达的金属铸像水平。现存于武当山文物保管所的张三丰铜铸塑像，做于明代永乐年间，是一件极为珍贵的文物，也是现今保存较好的作品之一。铸像张三丰正襟危坐，面目和善，沉稳严肃，精神矍铄。其体内似蕴藏着绵绵无尽的沛然真气。在衣褶处理上，作者采用了完全写实的手法。衣褶平贴着身体，线条流畅，十分真实。整个铜像重达七千余斤，是明代铜像中难得的佳作。

中国功夫，南有武当，北有少林。北方少林派注重腿法，它踢腿很厉害，叫"南拳北腿"。除了练腿法以外，它的内功也很重要，叫"内练一口气，外练筋骨皮"。而武当山的内家拳，主要是和道教文化有关系。它强调的是，以静制动、以柔克刚，四两拨千斤的功夫。在武当派拳论中有这样的精辟论述："以气为源，以桩为本，动静结合，守中用中，无微不至，无坚不摧。"

张三丰，明代徽派版画，选自《仙佛奇综》，此套大致为明万历三十年（1602）序刊本张三丰主张，太极拳神韵超然，体用兼备。它体现出道家清净自然、行云流水、动如抽丝、静如山岳的修炼方法。张三丰独创出武当武术的独特风格，即松沉自然、外柔内刚、行功走架、连绵不绝。

张三丰还有一些民间故事。张三丰原名张君宝，自小被父母送到清风观修行。君宝生活在南宋时期，岳飞率军北伐，江南义军群起响应。然而，奸相秦桧却为一己私利陷害岳飞，煽动皇上以十二道金牌将岳飞招回。江南义军探知秦桧阴谋，力图营救岳飞。于是，举行了一场武林大会，推举盟主。在武林大会上，张君宝结识了武林盟主易天行以及女侠秦思容等。谁知，秦思容乃秦桧养女，被秦桧安置在义军中做卧底。由于秦思容的告密，岳飞终在风波亭就义，张君宝却在无意之间得到岳飞的遗物。为追讨遗物，秦桧四处派出杀手，开始了对张君宝的一路追杀。

关于张三丰，民间还有另外的传说。张三丰的"丰"，亦作"峰"。宋代技击家，武当派之祖师。其法以御敌为主，非困不发，纯用内功，故称内家拳。其实，宋朝的张三峰就是张三丰，他们是同一人。

第六章

护法神

四大元帅

道教四大元帅究竟是哪四位神仙，历来说法不一。大体涉及马、赵、温、关、周、岳、康七位神仙，形成三种说法。

第一，马、赵、温、关四大元帅说。

这马赵温关，具体指谁呢？明罗懋登著《三宝太监西洋记通俗演义》第十三回，对马赵温关四位元帅作过描写。文中记到，张天师请神，取出那个令牌来，拿在手里，连敲三下，喝声道："一击天门开，二击地户裂，三击马、赵、温、关赴坛！"敲了三下令牌，急忙里把个飞符烧了两道，猛听得半空中哗喇喇一声响，响处落下四位天神：同是一样儿的长，长有三十六丈；同是一样儿的大，大有一十八围。他们长相如何？马元帅生得白白的，白如雪；赵元帅生得黑黑的，黑如铁；温元帅生得青青的，青如靛；关元帅生得赤赤的，赤如血。

他们到底是谁呢？马元帅是灵官马元帅、马天君，又称华光天王、华光大帝；赵元帅是赵公明，又称赵玄坛，同时也是家喻户晓的财神；温元帅名琼，即温琼，是东岳大帝的佑岳之神，玉帝封其为亢金大神；关元帅即关圣帝君关羽，又叫关帝、关公。这里的马元帅、赵元帅、关元帅笔者在其他部分还会有所介绍，唯独温元帅涉及很少。现在专门说说温元帅。

明代学者宋濂在《温忠靖公庙碑》和《三教源流搜神大全》中描写了温元帅。温元帅为泰山神，是东岳大帝的部将。姓温，名琼，浙江温州人。

其降生有一段神奇故事。其父温望，曾中科第，但年老无嗣。他与夫人张氏日夜祈祷于上帝。上帝居然显灵。某夜，张氏忽梦见一天神手擎火球自天而降，云："我乃天火之精，玉帝之将，欲降胎为神。"张氏顿觉赤光被体，因而有妊。于是，在后汉顺帝汉安元年（142）降生一婴。温琼生时颇为神奇，左胁有篆书符文二十四字，右胁有篆书符文十六字。张氏对家人说，梦见神人送给玉环，因而取名曰"琼"，字小玉。

温琼是一个神童，"幼而神明"。七岁学步天星，十岁通儒，十九岁科第不中，二十六岁明经射策亦不中。温琼遭到沉重打击，感叹命运不公。他感叹道："吾生不能致君泽民，死当为泰山神，以除天下恶厉耳。"此时，奇迹发生了。"郁郁间，忽见苍龙堕珠于前，拾而含之，流于腹"。于是温琼瞬间变幻。"面青，发赤，蓝身揉猛，握简，游衍坐立，英毅勇猛"，温琼至此变成了面青发赤的神仙模样。温元帅的使命，书中载明："有能行吾法，诵吾偈者，慈惠民物以伐妖精，治病驱邪，吾当显灵，

斯言不忘！"自此，东岳大帝将其召为佑岳之神。

玉帝对其特殊青睐，封其为亢金大神。赏赐玉杯一只、琼花一朵、金牌一面。金牌之上写有"无拘霄汉"四字，此乃出入天门的特级通行证。五岳众神将中，只有温琼享有如此殊荣。

宋代，温琼被封为翊昭武将军正佑侯，正福显应威烈忠靖王。

第二，马、赵、温、周四大元帅说。

清曹雪芹著《红楼梦》第一百零二回曾提及大观园冷落时，贾赦请道士作法驱邪，就供有四大元帅神像，他们是马、赵、温、周。小说写道："贾赦没法，只得请道士到园做法事，驱邪逐妖。择吉日，先在省亲正殿上铺排起坛场，上供三清圣像，旁设二十八宿，并马、赵、温、周四大将，下排三十六天将图像。香花灯烛设满一堂，钟鼓法器排两边，插着五方旗号。道纪司派

定四十九位道众的执事，净了一天的坛。"

这里的马、赵、温，我们已经知道是谁了。这个取代了关羽的周究竟是谁呢？据说，周元帅就是明余象斗著《北游记》第十三回描写的风轮周元帅广泽大王。此神赤发獠牙，脚踏风轮，手提大刀。他专门刺探人间贪婪鬼和色情狂，如果一旦发现此等败类，当即将其用风吹入洞内享用。他有一

温元帅像

个绝招，即念动真言，其风轮便转动起来，风声骤起，狂风大作，可把邪类吹到三十三天之外。于是，玉帝将其封为风轮元帅，成为北方真武大帝的部将。

第三，岳、赵、温、康四大元帅说。

岳是岳飞、岳武穆王。据清钱采等著《说岳全传》云，岳飞系如来佛顶大鹏金翅鸟降世，死后当然回归我佛如来处仍当菩萨。但是，为什么佛界的神仙竟然调守南天门，成为道界之仙，就不明白了。

康元帅名康席。明余象斗著《北游记》说他原本是黑松林妖怪，杀人越货，后被妙乐天尊降伏，归真武大帝，被玉皇大帝封为"仁圣康元帅"。《三教源流搜神大全》则称他从来慈悲为怀，不伤蝼蚁，"四方谓之能仁，声闻天下"，故有"仁圣"之誉。

现在中国台湾地区的彰化和嘉义还有康元帅和赵元帅合庙，金碧辉煌，供信徒膜拜。

53

关圣帝君

关圣帝君是道教对三国蜀国名将关羽的称号。道教还尊称其为荡魔真君、伏魔大帝、昭明翊圣天尊，简称关公、关帝，俗称关老爷。关羽历史上确有其人。西晋陈寿著《三国志》对关羽的生平有详细记载。元末明初小说家罗贯中所著的《三国演义》又对关羽的生平做了艺术的加工。关羽，字云长，河东解良（今山西解虞县）人。关羽相貌非凡：身长九尺，髯长二尺，面如重枣，唇若涂朱，丹凤眼，卧蚕眉，相貌堂堂，威风凛凛。东汉末年，因豪强倚势凌人，被关羽杀了，亡命奔涿郡。当时刘备在乡里招兵买马，他与张飞往投，誓共生死，救困扶危。在桃园结为异姓兄弟，不求同年同月同日生，只愿同年同月同日死。后世传为佳话，称之为"桃园三结义"。他们同起义兵，争雄天下，共推袁绍为盟主。在袁绍麾下，关羽"温酒斩华雄"，威名大振。

官渡之战前，曹操分兵东征，大败刘备，关羽被俘。关羽同曹操约定三事而暂居曹营。曹操引关羽朝见汉献帝，汉献帝封其为偏将军。在白马之战中，关羽斩袁绍大将颜良、文丑，朝廷封其为汉寿亭侯。以后挂印封金，过五关，斩六将，仍投奔刘备。刘备封其为荡寇将军，并派其镇守荆州，任荆州牧。刘备为汉中王，拜关羽为前将军，假节钺，率众攻曹军。关羽水淹七军，擒于禁，斩庞德，威震华夏。在围攻樊城时，关羽右臂中曹军毒箭，名医华佗为其刮骨疗毒。关羽边饮酒，边下棋，谈笑风生，旁若无人，表现了一派英雄气概。后孙权派将袭荆州，他因骄轻敌，兵败被杀，时年五十八岁。死后追谥为"壮缪侯"。孙权害怕刘备复仇，献关羽首级至洛阳，欲嫁祸于曹。曹操识其谋，赠关羽为"荆王"，刻沉香木为躯，以王侯之礼葬关羽于洛阳南门外。故世有关羽头葬河南洛阳关林，身葬湖北当阳玉泉山之说。

关羽力敌万夫，勇武异常，恪守忠义，坚贞不二。其一生的表现，为佛、道、儒三教称道。《三国演义》描写，关羽遇难后阴魂不散，荡荡悠悠，直至荆州当阳县玉泉山上空，大呼曰："还我头来！"山上老僧普净闻曰："昔非今是，一切休论；后果前因，彼此不爽。今将军为吕蒙所害，大呼还我头来，然则颜良、文丑、五关将等众人之头，又将向谁索耶？"关羽恍然大悟，遂皈依佛门。

宋代以后，关羽逐渐被神化。宋哲宗赵煦封其为"显烈王"，宋徽宗赵佶封其为"义勇武安王"。元代加封为"显灵义勇武安英济王"。特别是元末著名长篇小说《三国演义》的问世，使得关羽名声大震，在民间产生了极为深远的影响，成为"古今第一将"。到了明代万历年间，明神宗朱翊钧加封关羽为"协天护国忠义帝""三界伏魔大帝神威远镇天尊关圣帝君"。清顺治皇帝对关羽的封号长达二十六字，即：忠义神武灵佑仁勇威显护国保民精诚绥靖翊赞宣德关圣大帝。清乾隆皇帝封其为忠义神武灵佑关圣大帝，配设武庙，列为国祀要典。

明清时代，关羽地位极显。在民间，有"武王""武圣人"之尊，俨然与"文王""文圣人"孔老夫子并肩而立。

由于关羽被百姓附会成具有治病除灾、驱邪避恶、诛叛剿逆、巡冥察司、乃至招财进宝、庇商佑贾等无边法力，所以得到民间百姓的尊崇和膜拜。明清之际，各地的关帝庙蜂起，旧时仅北京一地粗略统计就达二百多座。据说，全国的各类庙宇中，关帝庙最多。而最大的关帝庙是山西运城县解州西关的关帝庙。此庙占地三十亩，地面中心建有一座春秋楼。楼内有一尊关羽的彩色塑像，形象逼真。

54

灵官马元帅

灵官马元帅又叫三眼灵光、三眼灵耀、华光天王、华光大帝、花酒马灵官、马天君、马王爷等。灵官马元帅是道教诸神中有名的三只眼，神通广大，法力无边，上天入地，几生几死。俗语对人示威道："叫你知道马王爷三只眼！"

灵官马元帅的本事来源于《三教搜神源流大全》卷五。这位三眼神将本是如来身边的至妙吉祥，乃法堂前的一盏油灯化成。他具备五通本领：天中自行，地中自裂，风中无影，

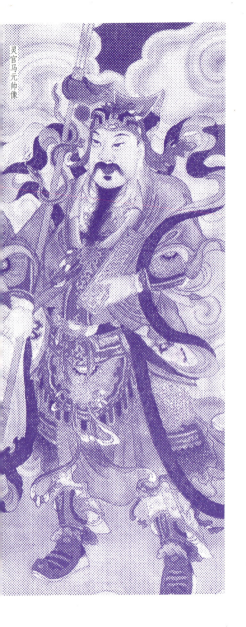

灵官马元帅像

水中无碍，火中自在。

他曾三次显圣，大闹三界。

第一次，因为毁了"焦火鬼坟"，违反佛法，被罚下凡。于是以五团火花托胎于一马姓人家，生来竟三只眼睛，母亲大异，就叫他"三眼灵光"。马灵光生下来三天就会打架，为除掉水孽，曾杀了东海龙王，又偷走紫金大帝的金枪，后被杀。第一次显圣就结束了。

第二次，又"寄灵"于火魔公主。出生后，显出异相，左手有个"灵"字，右手有个"耀"字，故名"灵耀"。他拜妙乐天尊为师，学得神术，得到法器三角金砖。自此，他降伏乌龙大王，斩首扬子江龙。玉帝闻讯，很是欣赏，让他掌管南天事，并赐琼花宴。宴席上，金龙太子惹恼了灵耀，灵耀大怒，火烧南天门，大败众天将，又下海二次大闹龙宫。后被逼得走投无路，投胎鬼子母。第二次显圣又完事了。

第三次，马王爷出世是为救母亲。马王爷为救母亲，历尽千难万险，入地狱、步灵台、过酆都、入鬼洞、战哪吒、窃仙桃，无意间竟与齐天大圣一通恶战。直闹得惊动了如来佛，如来佛亲自为他俩和解。玉帝看他也是个将才，让他当了真武帝的部将，遂归入道教神统中。

人间对马王爷极为虔敬。一些城隍庙祭祀华光大帝，南方还有一些祭祀华光的华光庙。民间传说，如有"妻财子禄之祝，百叩百应"。求男生男，求女生女；买卖一本万利；读书金榜题名。这当然是祈求者的热望。

民间又把马王爷视为"火神"。明余象斗著《北游记》中说，华光就是"火星"，玉帝曾封他为火部"兵马大元帅"。他又有"金砖""火丹"等法宝，只有真武帝用"北方壬癸之水"，才能将其制服。

道教把马王爷的"神诞"定为阴历九月二十八日，可他八月初一日就由天上下凡。如果八月初一日这天下雨，那么一年的火灾就少。当然，北方和南方对马王爷的祭祀形式还是有所不同的。

山西省榆次县县衙建筑群的五庙之一的马王庙，是比较典型的马王庙。它面阔五间，里面正中塑马王爷像。马王爷的形象是三眼四臂，左右配牛王、水草，东为桥神，西为路神。檐柱通天挂着二龙戏珠的木浮雕，两边雀替由草龙及博古图案构成，门楣上彩绘有三十幅山水花鸟画。马王庙匾额：马王殿。楹联：房驷腾辉周风驾；骅骝献瑞骥空群。

王灵官

灵官是道教的护法镇山神将。进入道教的宫观，山门内的第一座殿往往为灵官殿，殿中供奉着一位神将。他身披金甲，足蹬火轮，赤面髯须，三目怒视，左持灵诀，右举钢鞭，形象威猛，令人生畏。这就是道教的护法神将王灵官，又称火车灵官王元帅。王灵官常塑在山门之内，镇守道观，其作用相当于佛教中的韦驮。

道教号称有五百灵官，其中有四大护法灵官，又称四显灵官。王灵官为总灵官，亦称都灵官。据《新搜神记》记载，王灵官本名叫王善，宋徽宗（1101—1125年在位）时期人。曾从师于西蜀萨守坚萨真人受道符之法。明成祖朱棣封萨守坚为崇恩真君时，加封王灵官为先天大将火车王灵官、玉枢火府天将及隆恩真君。为道教的第一大护法灵官。又据西汉刘向著《列仙传》卷八说：王善是湘阴（今江苏淮阴）城隍庙的城隍。他就是在任职城隍时与萨守坚相识的。

据说，某日，萨守坚云游到江苏湘阴。时近傍晚，便到城隍庙借宿。城隍王善感到萨道士碍眼，就故意托梦于地方官湘阴太守，告状道："本宫几日前忽然投宿一个散漫道人，赖着不走，搅得本城隍寝食难安。望太守尽快将他轰走，不然本城隍难保此地安全。"太守无法，便派人把萨守坚赶出了庙门。萨守坚很是生气，觉得他们欺人太甚。恰在此时，有人抬着一头猪，到庙里还愿。见此情形，萨守坚更是气愤，一股莫名之火涌上心头，暗自道："我将此不义之庙烧了也罢！"就顺势拿出一把灶香递给抬猪人道："请将此灶香放到香炉里焚烧掉！"此抬猪人不知就里，如法办理，不料天上突然降下一道雷光，将城隍庙烧了个精光。原

王灵官像

来，萨守坚不满城隍王善所为，略施法术，薄惩了王善城隍，使其无处安身。此事，城隍王善不仁在前，萨道士不义在后，都不仗义。

　　城隍王善无处安身，就到玉皇大帝处告状。玉皇大帝未及详察，令王善私察暗访萨守坚的言行，并赐给他一条神鞭，如发现萨守坚违犯天条，可以便宜行事，先惩后奏。得此上方敕令，王善大喜，心想你萨守坚等着瞧。自此，王善就做了一介隐形的跟踪行者，风来雨去，晓行夜宿，时时刻刻地观察着萨守坚的行踪，恨不得以最快的速度发现萨守坚的缺失，以便施以报复。一日，萨守坚徒步到达一处渡口。他发现渡口停有摆渡的扁舟，但是没有船夫。他久等船夫不至。萨守坚看看天色已晚，不能再等了，便登上扁舟，自行摆渡过河。王善心中窃喜，看你是否给足船钱。如果萨守坚不给足船钱，我就当即将你拿下。萨守坚不慌不忙地将小舟摆渡到对岸，离船前，掏出三文钱放在小船里。摆渡只要一文钱就够了。萨守坚并没有想占便宜，登岸后大踏步地向前走去。王善看得真切，见此情景，十分感动。此后的岁岁年年，王善都是这样地跟踪着。萨守坚做了不少善事，王善都是亲眼所见。随着萨守坚功德的提升，他的仙位也在不断地提高。不久，萨守坚功德圆满，修成正果，位列仙班，成为萨天师。

一日，萨天师来到龙兴府，到江边洗手，忽见水中有一模糊的怪影，大吃一惊，高声喝道："你是何物，速现形！"刹那间，一位神人腾空而起。只见他，身披金甲，足蹬火轮，右手执钢鞭，左手掐灵诀，面皮酱紫，虬须怒张，獠牙外露，双目圆睁，特殊的是，他的额头正中还长着一只眼睛。这只眼睛射出了如电的目光，直射萨天师。不过，这位神人并无敌意，落定地面，上前施礼道："吾乃先天大将火车王灵官是也，久执灵霄殿。原奉玉帝之命，在湘阴小庙就食，做一土地爷。不料，真人无故焚了吾庙，使吾全家孤苦无依。吾乃诉于玉帝，玉帝见吾可怜，赐一神鞭，命吾对你紧密相随，如遇真人有违天条者，可先惩后奏。吾随真人十二载，真人并无违犯天条者，令吾至为感动。今真人将供职于天庭，吾愿追随左右，做一部将。"萨天师答道："我和你是有缘分的。不过，你曾经是一个邪神，你以后能永远地崇道奉法吗？"

三十六天将

王善立表真心，发誓永远遵奉道规，为民行善。于是，萨天师就收下了这个徒弟。

此后，师徒二人，多方行善，除暴安良，都修成了正果。于是，玉帝敕封萨天师为都天宗主大真人。萨天师欲封王善为其随身部将，但王善看到人间道观甚多，却不见保护道观的护法之神，就自动请缨，下凡到人间，担任镇山护庙之职。玉帝答应了他的请求，王善就下到了人间。自此，道观山门内的第一座殿，即为灵官殿，殿内供奉着王灵官的法身。

王灵官纠察天人，刚正不阿，疾恶如仇，除邪扶正，得到老百姓的好评："三眼能观天下事，一鞭惊醒世间人。"一般的道观里都供奉着王灵官像。一些大型道观的王灵官像还独具风采，有很高的艺术价值和历史价值。如北京的白云观、天津的娘娘宫、武汉的长春观、苏州的玄妙观等道观的王灵官的造像，即极具风采，非常著名。

道教称，北斗丛星中有三十六个天罡星，每一个天罡星各有一个神，合称"三十六天罡"。这就是三十六天将，他们在道教符咒中常被请来下凡驱鬼。

《北方真武祖师玄天上帝出身全传》称，三十六天将都是真武大帝收服的神，全部隶属真武麾下。他们的名称如下：

水火龟蛇二将，赵元帅赵公明，显灵关元帅关羽，雷开、苟毕二元帅，风轮元帅周广泽，尽忠张元帅张健，火德谢元帅谢仕荣，灵官马元帅马华光，管打不信道朱元帅朱彦夫，考较党元帅党归籍，仁圣康元帅康席，混炁庞元帅庞乔，降生高元帅高原，降妖避邪雨元帅雨田，威灵瘟元帅雷琼，神雷石元帅石成，虎丘王高二元帅王铁、高铜，先锋李元帅李伏龙，纠察副元帅副应，太岁殷元帅殷高，猛烈铁元帅铁头，雷母朱佩娘，雷公豁都章元帅，月孛天君李娘，黟洛王元帅王忠，杨元帅杨彪，刘天君刘俊，聪明二贤商委、师旷，二太保任无别、宁世夸，邓元帅邓成，辛元帅辛江，张元帅张安。

这里要将龟蛇二将算成一个天将，不然天将的总数就是三十七位。也有的学者认为，三十六天将不是三十六天罡星，而是另有其人。他们是：

蒋光、钟英、金游、殷郊、庞煜、刘吉、关羽、马胜、温琼、王善、康应、朱彦、吕魁、方角、耿通、邓郁光、辛汉臣、张元伯、陶元信、苟雷吉、毕宗远、赵公明、吴明远、李青天、梅天顺、熊光显、石远信、孔雷结、陈元远、林大华、周青远、纪雷刚、崔志旭、江飞捷、贺天祥、高克。

这里的人物，其来源五花

八门。有的是历史人物，有的是道教人士，有的是传说人物，有的是杜撰神明。

四值功曹

四值功曹是道教所奉的天庭中值年、值月、值日、值时四神，相当于天界的值班神仙。他们是值年神李丙、值月神黄承乙、值日神周登、值时神刘洪，亦称四值神。四值神执掌的是专门记录天界真神的功劳并负责向玉皇大帝禀报。此外，人间上奏天庭的表文，焚烧后也由他们呈递。道教设置的四值神，因值守类似人间郡县掌管功劳簿的功曹，故称四值功曹。

四值功曹是道教四位小神仙，但神仙终归是神仙，并不因位卑而言轻。他们的工作除为神仙记录功劳外，还有护卫功能。如在《西游记》中，他们受玉皇大帝之命暗中保护唐僧师徒四人等。他们在人间也很受重视。道教打醮作法请来的符文箓命，都要请四值功曹送往天庭。这里，四值功曹又有了邮递员的功能。

四值功曹像

六丁六甲

六丁六甲是道教神名，六丁和六甲的合称。六丁六甲是道教的护法神将，据说，六丁六甲为天帝役使，能"行风雷，制鬼神"。六丁为丁卯、丁巳、丁未、丁酉、丁亥、丁丑，是为阴神；六甲为甲子、甲戌、甲申、甲午、甲辰、甲寅，是为阳神。《无上九霄雷霆玉经》说："六丁玉女，六甲将军。"

早在汉代，就有方士用六丁之法"占梦"。《后汉书·梁节王传》即说梁节王"数有恶梦，从官卞忌自言能使六丁，善占梦"。卞忌自称拥有使用六丁之法，可以"占梦"。他的方法是，先斋戒，然后其神至。神仙来了，"可使致远方物，及知吉凶也"。这个占梦之法后来演变为六丁六甲。

道士斋醮作法时，常用符箓召请"祈禳驱鬼"。道经有《灵宝六经秘法》和《上清六甲祈禳秘法》。道教的这个六甲符箓是一种什么秘法呢？其实，就是所谓的"除恶驱鬼"的符箓。北宋张君房著《云笈七签》卷十四称："若辟除恶鬼者，书六甲、六乙符持行，并呼甲寅，神鬼皆散矣。"这是说，驱除恶鬼时，道士要书写一个六甲、六乙的符箓，然后手持此符，口呼甲寅之神，天神下降，鬼神皆自然散去。

旧时有"六甲天书"之说。所谓"六甲天书"，是道教编撰的据称可以驱遣鬼神、呼风唤雨的法术秘书。古典小说《三国演义》第一百零二回描写诸葛亮与司马懿在陇上相持，诸葛亮装神弄鬼迷惑魏军。此时，司马懿传令众军曰："孔明善会八门遁甲，能驱六丁六甲之神。此乃六甲天书内'缩地'之法也，众军不可追之。"此时的诸葛孔明完全被小说家神化了。

六丁六甲，原本是道教传说中的护法神将。明王圻著《三才图会》中所说六丁神是丁卯神司马卿，丁丑神赵子任，丁亥神张文通，丁酉神臧文公，丁未神石叔通，丁巳神崔巨卿；六甲神是甲子神王文卿，甲戌神展子江，甲申神扈文长，甲午神卫韦玉卿，甲辰神孟非卿，甲寅神明文章。

据《真武本传妙经》载，六甲神将的名讳是：甲子水将李文思，甲戌土将李守通，甲申金将李守全，甲午火将李守左，甲辰风将李守进，甲寅目将李守迁。

据说，六丁六甲十二神最初都是真武大帝手下神将。宋代陆游在《老学庵笔记》中，曾谈到他亲眼见过抚州真武殿"（真武大帝）像旁有六丁六甲神，而六丁皆女子像"。

现存的六丁六甲神像以武当山元和观所藏为突出。其六尊精美的六甲神像，为明代铸造，均为铜铸鎏金。各高六尺许，总重量有一万多斤。六甲神态各异，造型绝佳，具有艺术价值、文物价值和历史价值。

六十元辰

六十元辰是道教神名，又称六十甲子，是道教信奉的趋吉避凶的本命神。

中国古代传统的记时方法，是天干地支法。用十天干即甲、乙、丙、丁、戊、己、庚、辛、壬、癸与十二地支子、丑、寅、卯、辰、巳、午、未、申、酉、戌、亥，循环相配，由甲子起至癸亥止，共得六十对，用此计年，六十年为一周，称"六十甲子"。

道教称六十甲子为六十位星宿。每个星宿各有一神，共有六十位神，轮流值年。道教吸收民间流行的记年方法，并提出"本命"的说法，称凡本人的出生年六十甲子干支之年，叫本命元辰，本命年。当年值班的神就是某人的本命神。如某人出生于甲子年，那么甲子即是其本命元辰，甲子年即是其本命年。本人的出生日在六十甲子的干支，叫本命日。相传，礼祀本命元辰之神，可以保佑一生平安顺利，吉祥如意。中国民间将此种做法，叫作"求顺星"。

就此，道教还提出了"太岁"的说法。太岁亦称岁神，是道家眼中的"大将军"。每年都有一个太岁，即有一个大将军，这位大将军是不能动的。如果要动土搬迁，一定要避开大将军的方位。清顾张思著《土风录》记："术家以太岁为大将军，动土迁移者必避其方。"明冯应京著《月令广义·岁令二》："太岁者，主宰一岁之尊神。凡吉事勿冲之，凶事勿犯之，凡修造方向等事，尤宜慎避。又如生产，最引自太岁方坐，又忌于太岁方倾秽水及埋衣胞之类。"那么，怎么寻找大将军的方位呢？

很简单。以2014年为例，这年是甲午年，它的太岁大将军就在甲午，以此类推，共有六十个不同的太岁大将军。

这六十位太岁大将军各有其名，读者不妨对号入座，根据自己的本命元辰，找找自己的太岁大将军。他们是：

甲子太岁金辨大将军，

乙丑太岁陈材大将军，

丙寅太岁耿章大将军，

丁卯太岁沈兴大将军，

戊辰太岁赵达大将军，

己巳太岁郭灿大将军，

庚午太岁王济大将军，

辛未太岁李素大将军，

壬申太岁刘旺大将军，

癸酉太岁康志大将军，

甲戌太岁施广大将军，

乙亥太岁任保大将军，

丙子太岁郭嘉大将军，

丁丑太岁汪文大将军，

戊寅太岁鲁先大将军，

己卯太岁龙仲大将军，

庚辰太岁董德大将军，

辛巳太岁郑但大将军，

壬午太岁陆明大将军，

癸未太岁魏仁大将军，

甲申太岁方杰大将军，

乙酉太岁蒋崇大将军，

丙戌太岁白敏大将军，

丁亥太岁封济大将军，

戊子太岁邹铛大将军，

己丑太岁傅佑大将军，

庚寅太岁邬桓大将军，

辛卯太岁范宁大将军，

壬辰太岁彭泰大将军，

癸巳太岁徐单大将军，

甲午太岁章词大将军，

乙未太岁杨仙大将军，

丙申太岁管仲大将军，

丁酉太岁唐杰大将军，

戊戌太岁姜武大将军，

己亥太岁谢太大将军，

庚子太岁卢秘大将军，

辛丑太岁杨信大将军，

壬寅太岁贺谔大将军，

癸卯太岁皮时大将军，

甲辰太岁李诚大将军，

乙巳太岁吴遂大将军，

丙午太岁文哲大将军，

丁未太岁缪丙大将军，

戊申太岁徐浩大将军，

己酉太岁程宝大将军，

庚戌太岁倪秘大将军，

辛亥太岁叶坚大将军，

壬子太岁丘德大将军，

癸丑太岁朱得大将军，

甲寅太岁张朝大将军，

乙卯太岁万清大将军，

丙辰太岁辛亚大将军，

丁巳太岁杨彦大将军，

戊午太岁黎卿大将军，

己未太岁傅党大将军，

庚申太岁毛梓大将军，

辛酉太岁石政大将军，

壬戌太岁洪充大将军，

癸亥太岁虞程大将军。

太岁神不仅有名有姓，而且各有形象，形象各异。例如，甲子太岁金辨大将军，身着长袍，面目清癯，长髯五绺，威风凛凛。其最奇特之处是眼睛，二目中各长出一只小手，手心中各托有一目。构思怪异，超出想象。

山西省介休市绵山大罗宫风景区有六十元辰殿，该殿分上、下两层。殿内墙壁上形象逼真的画像也是六十元辰，和塑像一起正好是六十位。在此各个不同年份出生的人都可以找到自己的"本命星君"。民间有本命年穿红背心、系红裤带、祭拜本命神，以求消灾免祸、增福增寿的习俗。

60

龟蛇二将

龟蛇二将是真武大帝的二天门守护神。来历传说有三：

其一，龟蛇二将是真武大帝的肠子和肚子演化而来。

真武大帝在武当山修炼期间可以说是废寝忘食。即使这样，他还嫌喝水吃饭耽误时间，所以干脆不吃不喝，辟谷坐禅。这下可苦了肚子和肠子，它俩饥肠辘辘，不免发出怨言，咕噜咕噜地叫个不停。真武大帝听着心烦，干脆一不做二不休，自己开膛破肚，将肠子肚子抓了出来，扔到一旁。真武大帝算是暂时清静了，可被抛弃的肠子和肚子却给他惹来了更大的麻烦。

肠子和肚子虽然只是肠子和肚子，但它俩可不是普通的肠子和肚子，它俩是真武大帝的肠子和肚子。也就是说，它俩日夜聆听真武大帝念经，已经有了道法。肠子钻进真武大帝的袜筒里，瞬间变成了一条粗壮大蛇；肚子跳进真武大帝的鞋里，一翻身，变成了一只铁壳大乌龟。鞋和袜都没了，真武大帝从此就打赤脚了。

饿急了的龟和蛇两位跑到武当山，便四处吃鸡杀羊，甚至牛马也能一口吃掉。就这样，它俩还是没吃饱，后来竟然为了一头豹子争得天昏地暗。当地百姓实在无法忍受，便去找真武大帝求救。它俩已经穷凶极恶，连主人也不认了。真武大帝无奈，只得施展法术，将它俩制服，收它们作为自己的坐骑，并封为"龟蛇二将"。从此，真武大帝就履龟蛇，邀游九天巡视。

其二，龟蛇二将是水火二魔王演化而来。

传说龟蛇二将原身为水火二魔王，故又称作"水火二将"。这个故事出自《玄天上帝启圣录》和《神仙通鉴》。话说商纣王勾结六大魔王扰乱天下。这六大魔王是水魔、火魔、旱魔、蝗魔、瘟魔、妖魔。玉皇大帝命令真武大帝帮助周武王伐纣除魔。真武大帝披发跣足，金甲黑袍，手握宝剑，统率六丁六甲，与六魔王大战。其中，四魔王不敌脱逃。水火二魔王变化成苍龟和巨蛇。而真武大帝施展"大威力"，将二魔王打败，使二魔王不能再行变化。从此，龟蛇归顺，听凭真武大帝调遣。玉皇大帝封苍龟为太玄水精、黑灵尊神；封巨蛇为太玄火精、赤灵尊神。其余四魔亦来拜服，真武大帝亦将其收为部将。

道教中，真武大帝乃净氏国王太子，且是元始或玉皇化身，龟蛇则是被真武收服的魔王所化。民间从此有龟蛇二将之说法。

其三，龟蛇二将是真武大帝面前的龟蛇演化而来。

在明代小说中，龟蛇二将还有另外的来源。据明罗懋登著《三宝太监西洋记通俗演义》第五十六回记载，龟原来是真武大帝面前的花脚乌龟，后来受封为将，称为姣陵圣水大元帅。长十二丈，混身九宫八卦，变化多端。蛇原来是真武大帝面前的赤练花蛇，后来受封为将，称为丹陵圣火大元帅。长有三十六丈，浑身披鳞，坚固无比。

武当山金殿中的龟蛇二将是最为著名的。此像为铜铸鎏金，造型生动，构思精巧，做工细腻，材质精湛。其形象是蛇绕龟腹，翘首相戏，相依相伴，和睦相处，堪称完美的古代珍贵文物。

青龙白虎

青龙，亦作苍龙。古代神话中的东方之神。即二十八宿中之东方七宿——角、亢、氐、房、心、尾、箕。因其组成龙像，位于东方，色青（按阴阳五行给五方配五色之说），故称。

白虎是古代神话的西方之神。即二十八宿中之西方七宿——奎、娄、胃、昴、毕、觜（zī）、参。因其组成虎像，位于西方，色白（按阴阳五行给五方配五色之说），故称。

所谓青龙的龙像与白虎的虎像，都是古人的附会，并不是真的就像龙像虎。

青龙、白虎、朱雀、玄武等称谓，则是源于古人的星宿崇拜。早在战国时期，我国就有了"二十八宿"和"四象"之说。所谓"二十八宿"，是我国古代天文学家将黄道（即太阳和月亮所经天区）的恒星分为二十八个星座，称"二十八宿"。"宿"是指星的位次和集合体，即一撮星。

二十八宿以北斗（大熊星座）斗柄所指角宿为起点，由西向东排列，它们的名称与四象形成了对应关系。

青龙、白虎、朱雀（即朱鸟）、玄武，合称四方四神。《礼记·曲礼上》："行前朱鸟而后玄武，左青龙而右白虎。"孔颖达疏："朱鸟、玄武、青龙、白虎，四方宿名也。"

道教常以青龙、白虎、朱雀、玄武作护卫神，以壮威仪。太上老君就以四神为护法神。东晋葛洪著《抱朴子·杂应》描述了太上老君的护卫形象："左有十二青龙，右有二十六白虎，前有二十四朱雀，后有七十二玄武。"

四神都有名字。北宋张君房著《云笈七签》指出："左有青龙名孟章，右有白虎名监兵，前有朱雀名陵光，后有玄武名执明，建节持幢，负背钟鼓，在吾前后左右，周匝数千万重。"这里指出了四神的名字。青龙神叫孟章，白虎神叫监兵，朱雀神叫陵光，玄武神叫执明。

青龙神孟章神君，白虎神监兵神君，二位的职责是守卫道观山门，就如同佛寺山门中的哼哈二将。武当山巍峨的紫霄宫山门，一左一右矗立着青龙、白虎两尊神像。他们高大雄伟，着铠持械，威严肃穆，形神毕肖。这是元代著名宗教雕塑家刘元一派的传世佳作，十分珍贵。

62

金童玉女

所谓金童玉女，就是指已经得道的童男童女。他们是干什么的呢？他们的主要工作就是侍候位列洞天福地的大小神仙。他们是道教神仙中数量最庞大的群体，到底有多少金童玉女，恐怕就是张天师张道陵转世也说不清。以道教最高神之灵宝天尊为例，他有金童和玉女各三十万，加在一起就是六十万。

金童玉女虽然无惊天动地的伟业，但有关他们的神话同样异彩纷呈，而且与人类息息相关。

传说，金童玉女挽救了人世。三界（天界、魔界、人界）时期，玉皇大帝喜欢洁白，便将人界弄得冰天雪地、银装素裹，人间苦不堪言。天界有一对金童玉女，他们一个聪明正直，一个美丽善良。他们目睹了人间的凄惨，心中暗暗决定帮助。

当时，天界神仙在自己的诞辰日可以放假一天，下凡到人界游玩。农历正月十五日是金童诞辰日，他便在这一天下凡到人界。由于早有准备，他很快帮助人们融化了冰雪，使人们可以拓荒播种，人间逐渐恢复了生机。

玉皇大帝在天上看到这一切，异常恼怒，命令天兵于第二年正月十五日冰雪融化、大地复苏时，放火烧光人界。这个命令恰好被侍候玉皇大帝的玉女听到了。可她无法下凡，只能干着急。

好不容易挨到农历闰十月二十九日玉女的诞辰日，她火速下凡，来到人界，把天帝要火烧毁人间的消息告诉了金童和百姓。百姓听了，吓得不知所措，惶惶不可终日。

金童和玉女经过商量，拿出了个主意：在正月十五日这一天，家家户户都要挂红灯笼，放爆竹，把人界弄得灯火辉煌，硝烟弥漫。天界看到后，定会以为人界已经起了大火，便不会派天兵来了。人们听了这个办法，家家户户都回去准备灯笼和鞭炮。

正月十五日这天，人们按照金童玉女的办法，高高地挂起红灯笼，还长时间地放起了烟花爆竹。玉皇大帝往人界一看，只见一片红光，还真以为人界自己烧起来了，便收回了天兵下凡放火的命令。就这

样，人界保住了。可那一对金童玉女却只能留在人间了。

元代以来，有关金童和玉女的故事不断被搬上舞台，写入小说，编入唱词，深受老百姓的喜爱。元代杂剧《桃花女破法嫁周公》，讲述的就是金童与玉女斗法的故事。

周公是个算命先生，他开业三十载，占卜求签，从未失手。一天，有位石姓婆婆前来算命。周公摇卦后，告诉石婆婆一个坏消息：儿子石留柱在外必遭横死。石婆婆听完，扔下钱，慌慌张张，哭哭啼啼地向家的方向跑去。

桃花女正走在街上，看到石婆婆泪痕满面，忙问其故。石婆婆如实说了。桃花女掐指一算，石婆婆的儿子命不该绝，便教给石婆婆破解之法。就这样，石婆婆儿子保住了性命，石婆婆笑了。

石婆婆笑过之后，又生气了。她觉得周公骗了她的钱，于是，气冲冲地来到算命摊，找周公退钱。周公退了钱，但

心中不服，觉得自己的道行很深，不会算错。他正好看到仆人彭祖，便给他算了一卦。不想，卦中显示彭祖阳寿已尽。

彭祖听后，心情郁闷地走出周公的算命摊，来到街上。恰好桃花女路过，见彭祖郁郁寡欢，便问其故。彭祖如实相告。桃花女掐指一算，这彭祖是寿星命啊。于是，告诉了彭祖破解之法。彭祖依法行事，果然无事。

几天后，周公见彭祖依然健在，非常惊奇。询问之下，才知道是桃花女从中作怪。周公心中嫉妒，便想出一计。他请彭祖为媒，聘桃花女为儿媳。桃花女知道周公的诡计，但她将计就计，嫁入了周家。

在周家，周公几次欲害死桃花女，均被其一一识破并化解。有一次，周公的毒计被桃花女利用，差点害死了周公女儿。后来，桃花女利用法术救了周公一家人的性命，周公才与桃花女冰释前嫌。

这时，真武大帝出现，他将周公与桃花女召到一起，说明了他们金童和玉女的身份，并带他们回到了天庭。

第七章

佑民

神

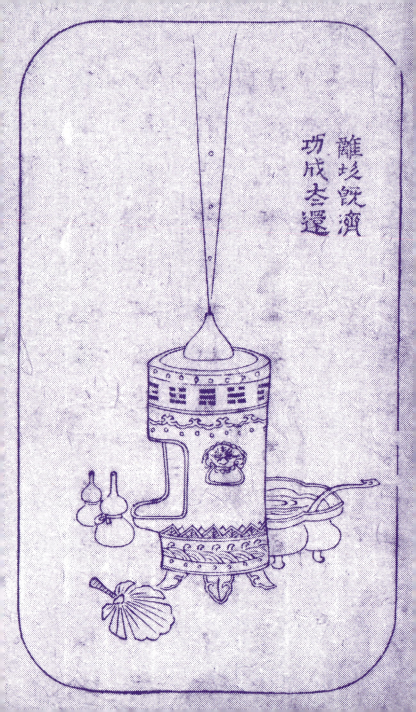

離坎既濟
功成志還

泗州大圣

泗州大圣又叫泗州佛。据说，他原来是西域人，后来定居在泗州，泗州今属安徽省泗县。泗州民间有许多关于泗州大圣的离奇传说，有的说他是观音菩萨的化身，十分灵验，求财得财，求子得子。又说，当年泗州屡闹水患，泗州大圣施用功法，并建造灵瑞寺，降伏了妖魔水母，使得泗州永绝水患。因而，人们多年来从没有忘记他。

其实，泗州大圣还是婚恋受挫者的保护神。这里流传着一个故事。话说有一条洛阳江，流经福建的惠安和晋江两县的交界处。江水湍急，过往不便。相传宋朝时，大书法家蔡襄的母亲怀他时，有一次渡江，因江上无桥，只得船渡。江水翻滚，小船颠簸，蔡襄之母吃尽了苦头。登岸后，她便自言自语："我儿诞生后，若能担任一官半职，千万别忘了在这里造一座桥，便利行人。"这话让未降生的胎儿蔡襄听得真切。后来蔡襄果然当上了泉州太守，他不负母望，来洛阳江上造桥。

不料，造桥遇到了困难，因江水过猛，用于打桥基的大条石都被江水冲跑了。太守蔡襄陷入了困境。忽然一天，洛阳江上远处漂来一只小船，船后端坐着一个划船的白须老翁，船前站着一位妙龄女郎。虽然江水怒吼，水流急迫，但小船却稳稳地停在了江心。只见老翁向岸上围观的人们大声喊道："吾女待字闺中，今特来此。有能将银子铜钱投到吾女头上者，吾即将吾女许配于他，绝不食言。"竟有这等好事？于是，许多年轻人都跑到岸边来投钱，但没有一个投中的。银子铜钱纷纷掉落在滚滚洪涛之中，落入了江底。

原来，这父女并非常人。老翁是土地爷幻化，女郎是观世音变成。他们清晨来到，傍晚划走。日复一日，几个月过去了，落在江心的银子铜钱铺了厚厚的一层，成了河桥的奠基石。但是，人们久投不中，不得要领。恰在此时，有一个聪明的泗州漂亮小伙，想到了一个好办法。他暗自思忖，如果手握一把散碎银两，作扇形状投将过去，也许能够成功。他就按照此法，将大把散碎银两作扇形状投了过去，还真灵验，其中果然有一块轻轻地击中了女郎的头部。大家为他的成功齐声欢呼。殊不知，这是观世音感到桥基已经奠成，而且她也相中了投钱的小伙，就暗使法力，将一小块银两放到了自己的头上。

老翁不食前言，让小伙子到凉亭去见面。但令小伙子没有想到的是，他往凳子上一坐，就永远地站不起来了。原来他的灵魂被观世音度化到西天成佛去了。而他的肉身如泥塑般僵坐在了亭中，变成了民间顶礼膜拜的泗州大圣。但

是，在世俗人的眼中，泗州大圣的婚姻是不幸的，他在人间并没有得到爱情，是婚姻受挫。为此，泗州大圣就成了人间婚姻爱情受挫者礼拜的对象。

这个富有人情味的故事，得到了民间的认同。于是，在惠安、晋江一带，老百姓修造了许多供奉泗州大圣的凉亭。恋爱中的情侣、婚变中的夫妇，就常到凉亭中来，在他们信奉的泗州大圣的脑后，挖上一点泥巴，以求泗州大圣的保佑。

64

月下老人

月下老人是中国古代民间传说中掌管婚姻之神。

据说，唐朝时候，有一名叫韦固的人，自幼父母双亡。长大后，有一次，他到宋城（今

河南省商丘县南）去办事，住宿在南店里。一天晚上，韦固在街上闲逛，看到月光之下有一个奇异的老人，靠在一个大布袋上，在翻阅一本又大又厚的书。韦固很好奇地过去，问道："老先生，请问您在看什么书呀！"那老人回答："这是一本记载天下男女婚姻的书。"韦固听了以后更加好奇，就再问道："那您袋子里装的什么呀？"老人微笑着对韦固说："装的是红绳儿，用它们来拴系夫妻双脚的。即使是仇敌之家，贫贱悬隔，天涯分离，吴楚异乡，这条红绳儿一系，男女双方就永远不能分开了。"

韦固听了，自然不会相信，以为老人是和他说着玩的。但是他对这古怪的老人，仍旧充满了好奇，当他想要再问他一些问题的时候，老人已经站起来，带着他的书本和袋子，向米市走去，韦固也就跟着他走。

到了米市，他们看见一个盲女子，抱着一个3岁左右的小女孩迎面走来，老人便对韦固说："这盲女人手里抱的小女孩，便是你将来的妻子。"韦固听了很生气，以为老人故意跟他开玩笑，便叫家奴去把那小女孩杀掉。家奴跑上前去，刺了女孩一刀，就立刻跑了。当韦固再要去找那老人算账时，却已经不见老人的踪影。

光阴似箭，转眼十四年过去了。韦固当了兵，英勇善战。这时韦固已经找到满意的对象，即将结婚。对方是相州刺史王泰的掌上明珠，人长得很漂亮，只是眉宇间始终黏着贴花。韦固觉得非常奇怪，于是便问他的岳父说："为什么她的眉宇间有个贴花呢？"相州刺史听了以后便说："说来令人气愤，十四年前在宋城，有一天，她的母亲抱着她从米市走过。突然跑来一个狂徒，竟然无缘无故地刺了她一刀。幸好没有生命危险，只留下这道伤疤，真是不幸中的大幸呢！"又说，后来其母病逝，刺史王泰收养了她，待她如亲闺女。

韦固听了，愣了一下，十四年前的那段往事迅速地浮现在他的眼前。他想，难道她就是自己命仆人刺杀的小女孩？于是便紧张地追问说："那女子是不是一个失明的盲妇？"

王泰看到女婿的脸色异常，且问得蹊跷，便反问道："不错，是个盲妇，可是你怎么会知道呢？"韦固证实了这点，真是惊讶极了，一时间答不出话来。过了好一会儿才平静下来，然后把十四年前在宋城遇到月下老人的事，和盘托出。王泰听了，也感到惊讶不已。

韦固这才明白月下老人的话并非开玩笑。他们的姻缘真的是由神仙做主的。因此，夫妇俩更加珍惜这段婚姻，过着恩爱的生活。

不久这件事传到宋城，为了纪念月下老人的出现，县令把南店改为"订婚店"，且亲自题写了匾额。这个故事，出自唐朝李复言的《续幽怪录》。

由于这个故事的流传，使得大家相信，男女结合是由月下老人系红绳儿，先天定下来的。所以，后人就把媒人叫做月下老人，简称"月老"。"月老"成为媒人的代称。

65

月光菩萨

月光菩萨是中国传说中的爱情神、生育神、团圆神。月光菩萨分为土月光菩萨和洋月光菩萨。土月光菩萨是中国老百姓喜闻乐见的，是中国人自己造出来的有中国味道的中国菩萨。洋月光菩萨则是佛教里的正宗的菩萨，还没有完全中国化，还不被中国老百姓所熟知，是舶来品。

先说土月光菩萨。这是中国人自己造出来的菩萨，是为了满足中国老百姓的精神和物质的需要而造出来的。月亮，同太阳相对，俗称太阴。月光菩萨又称月娘、月姑、月光娘娘、太阴星主、月宫娘娘、月光仙子等。月光菩萨是情感神，也是物质神。她有多元用途，老百姓很喜欢她。

月光菩萨其实就是月亮。月亮和太阳一样，一直陪伴着人们，是人们的好伙伴、好朋友、好证人。一到晚间，人们面对着或圆或缺、或明或暗的月亮，往往遐思无限，浮想联翩。他们从中或得到慰藉，或得到鼓舞，或得到温暖，或得到希冀。可以说，月光菩萨是爱情神，是生育神，是团圆神。

她是爱情神。自古以来，恋人海誓山盟，常常要跪拜月光菩萨，请月光菩萨做见证。元代剧作家关汉卿的杂剧名作《闺怨佳人拜月亭》，就描写了一对恋人拜月起誓的故事。话说在战乱中，王尚书的女儿王瑞兰同落魄书生蒋世隆意外相遇，遂结伴而行。在流亡过程中，这对青年男女产生了爱情，就自作主张结为夫妻。后来，王尚书发现了他们已结为连理，但以门不当户不对为由，而强行拆散了这对恩爱夫妻。夜间，王瑞兰在庭院中，面对皎洁的明月，祈求月神保佑自己与丈夫重新团聚，声泪俱下："愿天下真心相爱的夫妇永不分离。"随后，王尚书给王瑞兰重新介绍了新科状元，王瑞兰不同意，新科状元也不同意。但后来发现，这新科状元恰好是王瑞兰的前夫蒋世隆。最后，有情人终成眷属，皆大欢喜。这是月光菩萨起了作用，她保护了有情人至死不渝的爱情。月光菩萨是当之无愧的爱情神。

她是生育神。远古人们总结经验，发现了一个似乎是规律性的东西：月亮由圆到缺，二十八天是一个周期；女人发现，月经也是二十八天为一个周期。因此，他们误认为女性的月经同月亮的运行有关系。因之，为了多子，古人就在女性的月经期行房事。这是很不科学的做法。同时，月亮的月圆月缺，使古人想起了孕妇腹部的膨大缩小。由此，为了孕妇的安全、小儿的幸福，人们常常礼拜月神，月亮又成为主宰生育的生育神。

她是团圆神。中秋节是月亮最大最圆时的节日。每年阴历八月十五日，人们都要过中秋节。中秋节就是团圆节。"其有妇归宁者，是日必返夫家，曰团圆节也"。此时，家家要吃月饼，赏圆月。

宋代大诗人苏轼曾作词

土月光菩萨像

《水调歌头·明月几时有》，词前小序："丙辰中秋，欢饮达旦，大醉，作此篇。兼怀子由。"词曰：

"明月几时有？把酒问青天。不知天上宫阙，今夕是何年。我欲乘风归去，又恐琼楼玉宇，高处不胜寒。起舞弄清影，何似在人间！转朱阁，低绮户，照无眠。不应有恨，何事长向别时圆？人有悲欢离合，月有阴晴圆缺，此事古难全。但愿人长久，千里共婵娟。"

这首脍炙人口的中秋词，作于宋神宗熙宁九年（1076），即丙辰年的中秋节，为作者醉后抒情，怀念弟弟苏辙之作。作者采用浪漫主义的手法，把月宫和人间相对比，把现实与想象相联系，表达了对人生跌宕起伏的乐观态度，以及对未来生活的美好向往。苏轼以月亮起兴，借此表达自己的思想情感。这足以说明月亮是团圆神。

提起月神，就不能不提起嫦娥。提起嫦娥，就不能不提起"嫦娥奔月"的故事。嫦娥原名姮娥，是大羿（后羿）的妻子。据西汉刘安著《淮南子·览冥训》："羿请不死之药于西王母，姮娥窃以奔月，怅然有丧，无以续之。"高诱注："姮娥，羿妻；羿请不死药于西王母，未及服食之，姮娥盗食之，得仙，奔入月中为月精也。"这个故事是说，后羿和他的妻子嫦娥原本都是天神，后被贬到人间受苦。后羿经过千辛万苦，到西王母处讨得长生不死药，不料叫其妻嫦娥偷食了。结果嫦娥升天，到了月宫，做了月精。这个月精就是丑陋不堪的蟾蜍。事与愿违，嫦娥再也不能和丈夫团聚了。

但民间的传说却更富有人情味。大体是说，嫦娥到了月宫，深感高处不胜寒，十分孤单，很为自己的行为懊悔，极想见到久别的丈夫。嫦娥给丈夫后羿出主意："平时我没法下来，明天乃月圆之时，你用面粉做成丸子，团团如圆月形

66

保生大帝

状，放在屋子的西北方向，然后再连续呼唤我的名字。到三更时分，我就可以回家来了。"第二天晚上，后羿按照嫦娥所言一一照办。三更时分，果然见妻子从皓月中下凡，两人团圆。从此，月饼成了中秋节必备的民俗食品，同时，嫦娥在人们的心目中已经成为值得同情的月光菩萨了。

次说洋月光菩萨。月光菩萨是药师如来佛的右胁侍，又作月净菩萨、月光遍照菩萨。梵语为月光菩萨摩诃萨。月光菩萨的出处，众说不一。《药师经疏》记载，过去世电光如来时期，印度有位医王，育有二子名日照、月照。父子三人发心愿利乐众生。后来，印度医王成了药师佛。日照和月照分别成为日光菩萨和月光菩萨，即药师佛的左右胁侍。

保生大帝是南方著名的神医，是妇女的保护神，是闽南籍百姓所尊奉的地方守护神。

保生大帝，本名吴夲（tāo，音滔；不是"本"字，是"夲"字），字化基，一称大道公，吴真君，福建省同安县白礁村人。宋太宗太平兴国四年（979）三月十五日生。相传其祖先是战国时的吴季礼，子孙向四处发展，传了九世。到了大帝的父亲吴通、母亲黄氏，避乱而南迁，搬到了福建同安的白礁村。

对保生大帝，许多典籍都可以找到他的踪迹。如《闽书》《同安志》《台南市宗教志》都有所记载。把这些记载综合起来，可以给保生大帝画一幅像。

其一，医术高明，起死回

生。吴夲医术高超，手到病除，疗效甚佳，是病人的好医生。同时，吴夲医德高尚，无分贵贱，一视同仁。"病人交午于门，无贵贱悉为视疗"。一日，吴夲上山采药，见草丛里有一具尸体，少了一条腿，像是刚死不久的样子。吴夲便找来一根树枝，接到缺腿处，略施法术，尸体竟然复活了。原来，这是一个书童，在陪同县令出游的路上，被猛虎咬掉大腿而死。吴夲便带书童去见县令，事情果然如此。

其二，医治太后，轰动京城。 宋仁宗天圣九年（1031），赵祯的母后罹患乳疾，难以启齿。太医们无法诊断病因，难以下药，太后病情一天天恶化。宋仁宗赵祯束手无策，只好张榜求医。但皇榜贴出去十多天，也不见有人揭榜，宋仁宗赵祯更加心急如焚。

这天，恰好吴夲云游到京城，见此皇榜，便伸手揭了下来。宋仁宗赵祯听说有人主动揭了榜，大喜，立即传见。等

见到布衣草鞋相貌平平的吴夲，宋仁宗赵祯的心又悬了起来。无奈，人既然来了，还是让他试试吧。

来到后宫，吴夲见帷幔隔住了绣床，看不到里面。太监将一条红丝线从帷幔后面牵出，让他在红线上把脉。这是只有医术达到巅峰的医师才有的绝技。吴夲不慌不忙，伸出三根指头轻轻地按在红线上，随即叹了一口气，说道："没治了，没治了，无脉了，无脉了。"说罢起身就要告辞。站在一旁的宋仁宗赵祯不仅没生气，脸上还露出了一丝笑容。原来，这条红线是宋仁宗赵祯出主意绑在床杆上，故意试探吴夲医术的。宋仁宗赵祯见吴夲确实有本事，便命正式开诊。

吴夲只好再次把脉红线，认真辨认，一刻钟后，道："不妨事，不妨事。"说完，他提笔开了一纸药方，然后请宋仁宗赵祯将女医传来，并教授女医治疗秘法。经过一番调治，宋仁宗赵祯母后的病终于痊愈。

宋仁宗赵祯欲大加封赏，吴夲辞却不受。最后，宋仁宗赵祯赐他在故里白礁择地（现白礁慈济祖官正殿），结庐修真悟道，行医济世。

后来，宋高宗赵构颁诏建庙白礁，奉祀大帝，这座大庙就是现在白礁的祖官。不久，还在青礁建庙，塑大帝神像奉祀。从此，吴夲成为保生大帝。如今，青礁县的慈济宫，仍奉保生大帝塑像，供人们瞻仰膜拜。

其三，治愈国母，国母赐印。明成祖永乐十七年（1419），朱棣的文皇后患乳疾。太医久治无效，朱棣下诏悬赏求医。

保生大帝闻之，化成游方道士揭榜施医，药到病除。朱棣大喜，欲封道士为御医，道士坚辞不就，旋即乘鹤飞去。朱棣大惊。后经精通道法的大臣解释，方知是保生大帝显灵。于是，朱棣加封保生大帝为"恩主昊天医灵妙惠真君万寿无极保生大帝"。

文皇后为感谢保生大帝显灵救命之恩，特命京都能工巧匠精雕一头握有保生大帝印章的石狮，专程运送到白礁慈济祖官，历代相传，永作纪念。后来人们就把文皇后所赐的石狮，称为"国母狮"。

其四，瘟疫猖獗，大帝显灵。清初，台湾一带瘟疫猖獗，医生百无良策。台湾的福建移民想起了救苦救难的神医保生大帝。他们强渡海峡，来到白礁慈济官，请回保生大帝的灵身，供奉于南郡，瘟疫就真的绝迹了。于是，保生大帝得到了台湾人民的信任。从此，保生大帝的庙宇遍布全岛，至今已有一百六十余座。

在台湾学甲镇，人们把祭祀保生大帝与郑成功登陆之日联系到了一起。明永历十五年（1661年）三月三十一日，由郑成功组建的抗清先锋军，渡过海峡，在台南学甲登陆。由于有着深厚的大陆情结，参加抗清先锋军的白礁子弟就把每年的阴历三月三十一日定为遥拜大陆的节日。届时，他们举

67

顺天圣母

行隆重的仪式，遥拜大陆的保生大帝。为此，他们还仿照福建白礁慈济宫的模样，在台湾学甲镇建造了一座白礁慈济宫，以解他们的思乡之情。

台湾人把大陆的白礁慈济宫视为祖庙。每年农历三月三十一日，大陆白礁村和台湾学甲镇两座慈济宫，都要举行大型的庙会活动，祭奠保生大帝。

台湾学甲镇慈济宫，每年都要举行"上白礁"的谒祖祭拜仪式。届时，多达十数万人涌上街头，如同欢乐的节日，敲锣打鼓，鞭炮齐鸣，祭奠保生大帝。

顺天圣母是中国古代的妇女助产神和妇幼保护神。顺天圣母，名叫陈靖姑或陈进姑，亦称陈夫人、临水夫人、顺懿夫人、大奶夫人。她在我国南方广有受众群体。她的事迹存在于一些笔记和地方志中，全为民间传说。

陈靖姑，传说为五代或唐时人。家住福建古田县临水乡。父亲做过户部四品郎中，母为葛氏。看起来，她还是出身于官宦之家。后来，陈靖姑得到仙人的指点，学到了真本事。曾在家乡为民除害，斩杀害民的妖蛇。由此，惠帝封她为顺懿夫人。但以上的记载同她的助产神的定位，似乎毫不相干。她助产的事迹主要有两件。

其一，为徐翁之媳助产。

传说陈进姑（不是陈靖姑）是福州陈昌的女儿。唐代宗大历二年（767）生，嫁给了刘杞。不久，就怀孕了。怀孕数月，突遇大旱。陈进姑舍身救旱，自动堕胎，向天祈雨。不久，她就病死了，年仅二十四岁。临咽气时，她发誓道："我死后一定会成为神仙，去全力地救助产妇。"死后，她真的变成了神仙。

关于顺天圣母还有另一个版本。传说建宁有一个叫徐清叟的老翁，他的儿媳难产，怀孕十七个月仍然没有分娩。这可急坏了他们一家人。此事陈进姑听说了，亲自到徐家看望了产妇。陈进姑用神眼一观，就知道产妇受到了妖蛇的蛊害。神姑当即作法，将妖蛇打下，使产妇转危为安，徐翁大喜。

徐清叟实有其人，是南宋宁宗嘉定进士，官至参知政事、资政殿大学士。

其二，为唐朝皇后助产。 唐皇后难产，百法莫解，危在旦夕。看到爱妻命悬一线，皇帝十分着急。陈靖姑（不是陈进姑）听说了此事，就幻化身份，变成一个助产婆，来到宫中，帮助皇后顺利地产下了一个皇子。皇帝见母子平安，龙心大悦，当即颁下谕旨，敕封陈靖姑为"都天镇国显应崇福顺意大奶夫人"，在古田建庙，定时祭祀。自此，大奶夫人陈靖姑名声大噪，她"专保童男童女，催生护幼"，受到人们的爱戴。

助产神陈靖姑的祖庙在福建，位于福建省古田县东大桥镇中村的临水宫，是全国最大的顺天圣母庙。此庙建于唐德宗贞元六年（790），元朝时加以重新修缮。清朝末年，又增容扩建，规模更为壮观。

顺天圣母关系产妇母子平安，故深受民间特别是妇人们的崇拜。农历正月十五日上元节是陈靖姑诞辰日，届时民间要举行盛大的祭祀活动。据清同治《丽水县志》卷十三记载：

每岁上元前二日，司事择

妇人福寿者数人，为夫人沐浴更新衣。次日平明升座，各官行礼，士女焚香膜拜，络绎不绝。至夜，舁夫人像巡行街市，张灯结彩，鼓吹喧阗。小儿数百人，皆执花灯跨马列前队，观者塞路。官员行礼、士女膜拜、塑像巡市、小儿列队、观者如堵，顺天圣母的诞辰日盛况空前。

碧霞元君

68

碧霞元君是道教尊奉的吉祥神。传说，她是东岳大帝之女，宋真宗（997—1022年在位）时封为天仙玉女碧霞元君，俗称泰山玉女或泰山娘娘。旧时，中国民间有许多娘娘庙，庙里供奉着许多女性神。如王母娘娘、天妃娘娘（妈祖）、泰山娘娘等。民间信仰中，泰山娘娘主司妇女多子并为保护儿童之神，因而，又称其为送子娘娘、碧霞元君。碧霞元君在中国北方很受崇拜。

那么，碧霞元君的出身到底是怎样的呢？目前，大抵有五说。

第一是宋真宗所逢泰山之女说。清张尔岐著《蒿庵闲话》云："元君者，汉时仁圣帝前，有石琢金童玉女，至五代，殿圮像仆，童泐尽，女沦于池（按：指泰山岳顶'玉女池'）。宋真宗东封还次御帐，涤手池内，一石人浮出水面，出而涤之，玉女也。命有司建祠奉之，号为圣帝之女，封天仙玉女碧霞元君。"

这是说，汉朝时，在皇宫中有金童玉女石雕像。到五代时，已经度过好几百年了。宫殿坍塌，石像倒地，金童粉碎，玉女坠池。这个水池，就是东岳泰山极顶的玉女池。不知何故，玉女石像竟然流转到了泰山上的水池中。到了宋朝，宋真宗东封时回来，驻扎在御帐里。有一次，他在池边洗手，有一石人浮出水面。宋真宗将石人从水中取出，亲手洗涤。洗净一看，竟是玉女石像。宋真宗大奇，便诏令有关部门，就此建祠供奉，号为东岳大帝泰山之女，封为天仙玉女碧霞元君。

明成化年间又给这座碧霞元君祠，赐额为"碧霞灵应宫"。

第二是黄帝手下七仙女之一说。据说，远古的黄帝，在建造岱岳观时，曾经派遣七位仙女下凡，头戴云冠，身披羽衣，以迎接西昆仑真人 vv。玉女，是七位仙女当中修道成仙者。

明顾炎武《日知录》和清翟灏《通俗编》反对此说，谓西晋张华著《博物志》早有泰山神女"嫁为西海妇"的故事，后世所传泰山女，源流都在此处。宋真宗所封之玉女，即此泰山女，而非黄帝所遣之玉女。

第三是应九炁以生而成天仙说。九炁（qì），亦称九气，指始气、混气、洞气、元气、旻气、景气、玄气、融气、炎气。道教则称碧霞元君乃应九炁以生，受玉帝之命，证位天仙，统摄岳府神兵，照察人间善恶。这是说，碧霞元君是由道教所称的九炁凝聚而成，得到玉皇大帝的谕旨，才证位天仙，统摄岳府神兵，以后照察人间善恶的。

第四是大善人右守道之女说。据说，汉明帝时有个大善人叫右守道，他的太太金氏生了个女神童，智力超常。三岁知诗书礼乐，七岁通汉家诸法，日夜礼拜西王母。十四岁时入泰山黄花洞潜心修炼，道成飞升，做了碧霞元君。

第五是泰山石敢当之女说。泰山山顶有碧霞祠，供奉泰山之主神碧霞元君。传说碧霞元君是石敢当之女。石敢当住于泰山东南徂徕山下，生活虽然贫困，但为人正直。其家有三女，长女、二女已出嫁，碧霞元君为其第三女。三女常助父母砍柴，卖之山阳集上。一日砍柴遇暴风雨，避入一山洞中，洞有老妪烤火于柴堆旁，三姑娘求借宿，老妪允之。自是与老妪熟，常助其生活之需。如此者数年。一日老妪谓三姑娘曰："汝非凡人，乃天上仙女。福大命大造化大。徂徕山容汝不了。汝住徂徕山，已将其地压落三尺。"今徂徕山顶平，无主峰，传云即三姑娘之所压也。老妪复语之曰："汝自此西北行，约五十里，其地有大山曰泰山，今尚无主之者，汝可去主其地。"三女即来到了泰山。这位老妪不是凡人，乃是观音菩萨。三女后来被玉皇封为碧霞元君。

这五种说法，当以第一说为是，即碧霞元君的祖籍是东岳泰山，她是东岳泰山之女。泰山的碧霞祠是碧霞元君上庙，位于岱顶天街和大观峰之间。碧霞祠是一组宏伟壮丽的古代建筑群，面积三万九千多平方米，由大殿等十二座大型建筑物组成。碧霞祠大殿五楹，九脊歇山式顶。檐下高悬清雍正帝"赞化东皇"、清乾隆帝"福绥海宇"巨匾。正中神龛内的碧霞元君贴金铜坐像，凤冠霞帔，安详端庄。

北京四方都建有碧霞元君庙，分别叫"东顶""南顶""西顶""北顶"。妙峰山的碧霞元君庙最有名，叫"金顶"。每年阴历四月初一日金顶开庙，当天，人山人海，摩肩接踵。据说，慈禧太后曾经为其子同治皇帝载淳祈求发痘平安，叫庙里要等她进香以后再开庙，这叫"烧头香"。尽管慈禧太后可以"烧头香"，碧霞元君还是没能救得载淳性命，他最终仍然发痘而死。当然，这是坊间的传闻，其实同治皇帝是死于梅毒。

七星娘娘

七星娘娘是保护孩子平安和健康的吉祥神。七星娘娘又叫七星妈、七星夫人、七娘夫人。七星娘娘不是一个人，而是七位端庄温婉的女人。七星娘娘在我国南方和台湾一带十分有名，受到民间的崇拜。

孩子的抵抗力差，最容易受到疾病的侵袭。从古代始，人们就把孩子抵抗疾病的希望，寄托在神明身上。七星娘娘也就应运而生了。孩子没病时，人们去给七星娘娘烧香，祈求神明保佑孩子平安无事；孩子生病时，人们去给七星娘娘烧香，是祈求神明尽快地治好孩子的疾病。有的家长让孩子认七星娘娘做"干妈"，或为孩子请来"长命锁"，用以保佑孩子一生平安。

台湾民间流行一种"成丁礼"。男孩、女孩都施行这个民间仪式。男孩是在十六岁的时候，在农历七月七日这一天，全家穿戴整齐，由父母带领男孩，捧着供品，到七娘庙去参拜，答谢七星娘娘的保佑之恩。女孩也是如此，还要大摆宴席，宴请亲朋好友。这个仪式，一方面是答谢七星娘娘的恩德；另一方面，也是告诫孩子，他们已经长大成人了。

据说，七星娘娘本来是织女星。

七星娘娘为什么是七位呢？大概是由民间传说七仙女演化而来的。当然，传说就是传说，并无严格的逻辑。七星娘娘带给人们更多的是心理的满足和精神的寄托。

天后娘娘

天后娘娘是中国东南沿海和海外华人供奉的海洋保护神。又称妈祖、天妃、天后、天妃娘娘、天上圣母等等。道教经书《太上老君说天妃救苦灵验经》称，太上老君封妈祖为"辅斗昭孝纯正灵应孚济护国庇民妙灵昭应弘仁普济天妃"。

有关妈祖的记载，大约起于北宋。妈祖出生于仕宦之家，是福建晋代晋安郡王林禄的二十二世孙女，是当地的望族。她原名林默。妈祖父亲都巡检林惟悫（一说林愿），母亲王氏，二人多行善积德。

一天晚上，王氏梦见观音大士慈祥地对她说："你家行善积德，今赐你一丸，服下当得慈济之赐。"于是，王氏便怀了孕。到北宋建隆元年（960）

三月二十三日傍晚，王氏将近分娩，见一道红光，从西北射入室中，红光满室，异气氤氲。王氏感到腹中胎动，妈祖降生。因生得奇，甚为疼爱。她出生至满月，一声不哭，因此，父亲给她取名"默"。

林默八岁就读私塾，喜烧香礼佛。十三岁得道典秘法。十六岁观井得符，能布席渡海救人。升化以后，有祷辄应。自宋徽宗宣和（1119—1126在位年）以后，两宋间先后敕封达九次。其封号，南宋光宗绍熙（1190）由"夫人"进爵为"妃"。元世祖时又进爵为"天妃"。清康熙时再进爵为"天后"，并载入国家祈典。据说，自宋至清，七百余年间，帝王对妈祖的册封多达四十余次，封号累计竟有五十多字。如"辅国护圣""护国庇民""宏仁善济"等。

妈祖之主要神迹是救济海上遇难之生民。据传，妈祖有随从千里眼、顺风耳，能解救人于千里之外。妈祖常穿朱衣，乘云游于岛屿之间。如果海风骤起，船舶遇难，只要口诵妈祖圣号，妈祖就会到场营救。《太上老君说天妃救苦灵验经》称，妈祖所救就是"翻覆舟船，损人性命，横被伤杀，无由解脱"。

妈祖是一位伟大的导航使者。她经常为海上迷航的船只指点方向。相传郑和下西洋时，途经福建洋面遇到风暴，海上浊浪滔天，船只颠簸摇荡，船工们茫然不知所向。郑和想起海神妈祖，仰天祷告。祷告毕，只见在船头隐约出现了一盏红灯，妈祖信步浪尖从容导航。于是船队紧跟前进，脱离危险进入避风港。

后来，妈祖之职能略有扩大。《太上老君说天妃救苦灵验经》还称："若有行商坐贾，买卖积财，或农工技艺，种作经营，或行兵布阵，或产难，或疾病，但能起恭敬心，称吾名者，我即应时孚感，令得所愿遂心，所谋如意。"因此，民间亦有以妈祖为送子娘娘的。

宋太宗雍熙四年（987），妈祖时年二十七岁。在重阳节的前一天，妈祖对家人说："我心好清净，不愿居于凡尘世界。明天是重阳节，想去爬山登高，预先和你们告别。"大家都以为她要登高远眺，不知将成仙。

第二天早上，妈祖焚了香，念了经，与诸姐说："今天要登山远游，实现自己的心愿。但道路难走而且遥远，大家不得与我同行，"妈祖于是告别诸姐，直上湄峰最高处。这时，只见湄峰顶上浓云四合，一道白气冲上天空。妈祖乘长风，驾祥云。忽然彩云闭合，不可复见。福建莆田湄洲人仰头望去，无不唏嘘惊叹。

此后妈祖经常显灵，乡亲们时常能看到她在山岩水洞之旁，或盘坐于彩云雾霭之间，或朱衣飞翔海上。常示梦救急扶危，在惊涛骇浪中拯救过许多渔舟商船；她立志不嫁，慈悲为怀，专以行善济世为己任。

中国东南沿海的妈祖庙数

以千计，但称得上妈祖庙之首的当数天后故里福建莆田湄州祖庙。此庙创建于北宋雍熙四年（987），有千年历史。祖庙规模宏伟，富丽堂皇。庙宇前临大海，潮汐吞吐，激响回音，有"湄屿潮音"之誉。农历三月二十三日是妈祖诞辰日，朝拜者人山人海，还有台湾"湄州妈祖进香团"前来进香，香客多达数十万。

台湾的妈祖庙有五百一十座，其中北港的朝天宫是最负盛名的一座。北港朝天宫是台湾最古老的妈祖庙，建于清康熙年间，有三百年历史。这里的妈祖像是由湄州请来的，故被认为是莆田湄州妈祖庙的"分灵"。因此，每隔几年都要抬着妈祖神像到湄州挂香一次，表示对妈祖的崇拜和对祖宗的怀念。朝天宫在全台湾香火最盛，每逢妈祖诞辰日，进香人数竟超过百万。妈祖信徒人数之多、香火之旺，至今亦然。

第 八 章

居家神

福神

福神是民间信仰的吉祥神。福神到底是谁呢？中国民间信仰的福神有两位：一位是赐福天官；一位是刺史杨成。

第一个福神是赐福天官。

在民间，我们经常看到的是天官赐福的画像，尤其是新年除夕，更是随处可见。民间信仰天官起于何时，很难考证。至少在清代，天官信仰已经极其广泛。"天官赐福"的年画，丰富多彩。天官是个什么样子呢？年画的天官形象深入人心，画中天官呈朝廷大员形象：头戴宰相帽，身穿大红袍，腰扎彩色带，手持如意柄。眉毛高挑，眼睛细长，长须五绺，面容慈祥，一副雍容华贵的气派。有的画上，天官手持一幅展开的条幅，上写"天官赐福"四个大字。那么，这个天官到底是谁呢？

福神，《三教源流搜神大全》，清宣统元年叶德辉校刊本

其实，这个天官是道教教义中的官员。道教相信，为人治病，必须先进行祈祷。祈祷时，必须写成文书。文书一式三份，"其一上之天，著山上，其一埋之地，其一沉之水"。这叫作"三官手书"，祈祷于"三官"。所谓的"三官"，即天官、地官、水官。道教宣称三官能为人赐福、赦罪、解厄，也就是天官赐福，地官赦罪，水官解厄。这就是"天官赐福"的来历。人们礼拜他，无非是祈望得到他的庇佑。

第二个福神是刺史杨成。《三教源流搜神大全》卷四记载："福神者本道州刺史杨公讳成。昔汉武帝爱道州矮民，以为宫奴玩戏。杨公守郡以表奏闻，云'臣按五典，本土只有矮民，无矮奴也'。武帝感悟，更不复取。郡人立祠绘像供养，以为本州福神也。后天下黎民士庶皆绘像敬之。以为福禄神也。"这是说，福神是汉武帝时道州（今湖南道县）刺史杨成。道州的人个子非常

矮，当时外地人都称之为道州矮民。汉武帝非常喜欢这些矮小的男人，每年都从道州挑选数百名做宫奴，供他玩耍。杨成任此郡刺史后，上奏汉武帝，"本土只有矮民，没有矮奴"。武帝这才有所悔悟，不再令道州上贡矮民。道州人遂立其祠，绘其像供养，奉为本州的福神。后来很多地方都绘其像，奉其为福神，虔诚供奉。

有的学者考证说，福神不是这位汉朝的杨成，而是唐朝的阳城。学者认为，历史上确有其事，但不是杨成，而是阳城。阳城也不是汉武帝时人，而是中唐时人。《新唐书·阳城传》载："（道）州产侏儒，岁贡诸朝。（阳）城哀其生离，无所进。帝使求之，城奏曰：'州民尽短，若以贡，不知何者可供。'自是罢。州人感之，以'阳'名子。"这是说，唐朝时，道州到处是个子矮小的男子，叫侏儒。朝廷喜欢侏儒，谕旨每年必须向朝廷进贡。阳城的百姓对这种生离感到十分

痛苦，就没有进贡。于是，皇帝派人多次迫求。无奈，刺史阳城上奏道："道州的百姓，都长得很矮，如果进贡，不知道进贡哪一个。"从此，进贡侏儒就停止了。道州的百姓很感激他，就在他的名字前面加上个"阳"字，以后就叫阳城。

这个考证是有道理的。但是，民间习惯把福神叫杨成，我们也仍然叫他杨成。

72

禄神

禄神是指可以给人们带来高官厚禄的吉祥神。禄，指官吏的薪俸。禄位，指薪俸官位，后泛指升官发财。旧时，人们追求的往往是高官，因为高官可以带来厚禄。所谓"三年清知府，十万雪花银"，说的就是这个意思。

那么，禄神到底是谁呢？其实，禄神给人的印象是很模糊的，很难确认到底是谁。民间所说的禄神，大体有两位：一位是天上禄星；一位是送子张仙。

禄神的第一位原型是天上禄星。禄星原来是天上的一颗星。相传名张亚子，为晋朝打仗，不幸战死。据《史记·天官书》记道："文昌官……六曰司禄。"即是说，文昌官的第六星是专门掌管禄星的。民间对禄星的崇拜，逐渐将禄星人格化，成为同福星、寿星一样的神仙了。传统戏曲中有"禄星抱子下凡尘"的唱词。传统年画中福禄寿三星中，禄星有时怀抱一小儿。因此，有人说禄星也是送子神仙。

禄神的第二位原型是送子张仙。他是民间所信奉的祈子之神，是五代时在青城山得道的仙者，本姓张名远霄。相传，苏洵曾梦见张仙手拿两颗弹丸，知是得子之兆，便求来张仙像供奉，果然得了苏轼、苏辙二子。还有一个传说。宋仁宗嘉祐年间，皇帝赵祯有一日梦见一个美男子。他面色粉红，长须五髯，挟弓弹上前来，对皇上说："皇上向来有天狗把守城垣，所以才没有子嗣。凭您普施仁政，我要用弓弹把天狗赶走，使您能够得到子嗣。"皇帝赵祯半信半疑，请他详细说明原委，他说道："我是桂官张仙。天狗在天上掩蔽日月，到世间就吞吃小儿，但它见了我就会躲开。"皇帝赵祯醒后，当即命人悬挂张仙图像，供奉祭祀。此后民间没有子嗣的人，就都对张仙像顶礼膜拜。

按中国民间传统，百姓对禄神是很崇拜的。由此，对动物世界的梅花鹿也情有独钟。鹿，与禄同音。中国传统民间吉祥图案，就有"百禄图"。图上画着在高山大岭中栖息的近百头形态各异的鹿，百是虚指。整幅画是祝福俸禄大增的意思。还有一幅"加官受禄"图，画着一个官员正抚摩着一头雄鹿，表达了"加官受禄"的主题。

传统的喜剧戏曲中，有时在正戏的开头，作为垫场戏，有一出无言的《跳加官》独角戏先行演出。表演者在台上三上三下。他身穿大红袍，面戴加官脸。所谓加官脸，是一

禄神像

笑容满面的假面具。表演者手捧朝笏，走上戏台，绕场三周，然后退下。这是见面礼。再进场后，抱一小儿，绕场三周，退场。这是说明他是送子神仙。最后出场，笑容满面，边跳边向观众展示手中所持红色条幅，上边写有"加官进禄"之类的颂词，再绕场三周后，退场。这是祝福观众升官发财。然后是正式节目开始。

这就是戏台上常演的所谓彩头戏"跳加官"。这位独角戏演员所扮的红袍白面官员，即禄星，又叫"司禄神"。跳加官多用于节日喜庆之时。

寿神

民间传说寿神是主宰人间寿夭的吉祥神。经过多年的演化，寿神的形象完全定型。许多年画，都画有他的画像。其特点极为鲜明：大脑袋，宽脑门，短身材，长胡须，笑模样，高手杖。这是一位慈眉善目、和蔼可亲的老人。明吴承恩著《西游记》第七回道："霄汉中间现老人，手捧灵芝飞蔼绣。

寿神像

长头大耳短身躯，南极之方称老寿——寿星又到。"这是作家吴承恩笔下的寿神形象。

寿神的原型是天上的南极老人星，又称南极仙翁。据说是指天上的两个星宿：一个是角亢二宿；一个是南极老人星。

寿神的原型，第一个是指角亢二宿。星宿，是单个星的集合体，即一撮星。天上二十八星宿中东方七宿依次为角、亢、氐、房、心、尾、箕，呈苍龙之形。其中角宿有两颗星，因其像羊角，故名为角，在东方苍龙七宿中如龙角；亢宿有四颗星，直上高亢，故名为"亢"，在东方苍龙七宿中如龙头。现代天文学将此二宿划入室女座。其中角宿，是一等亮星，每年五月初傍晚即在东方低空出现，晚七时以后可以清楚见得。

寿神的原型，第二个是指南极老人星。这颗星，天文学的名字叫船底座阿拉发星，位于南半球南纬五十度以南，是一等以上的亮星。因它处于南纬五十度以南，在我国北方不容易看到。但在长江以南，尤其是岭南地区，却很容易看到。特别在二月间晚八时以后，它出现在南天的低空，周围没有比它更亮的星，所以很显眼。

秦朝的皇帝很崇拜南极老人星。《史记·封禅书》说：秦并天下，"于社亳有寿星祠"。这是说，秦朝统一全国后，在首都咸阳建造了寿星祠，供奉南极老人星。供奉的原因，是认为南极老人星很灵验，见到他，天下太平；见不到他，天下就动荡。他可以掌管国运的长短。因此，立祠供奉南极老人星，以便取得他的祝福。

汉朝的皇帝也很重视礼拜南极老人星。据《汉书·礼仪志》记载，汉明帝期间（58—76年在位），曾主持一次祭祀寿星的仪式。他亲自敬献贡品，宣读尊敬老人的祭文。同时，还特意安排了一次宴会，与会者均为70岁以上的古稀老人。盛宴之后，汉明帝还恭敬地赠送酒肉谷米及一柄手杖。汉明帝此举，得到了社会各阶层的广泛认可。

唐李白《送陈郎将归衡山》诗云："衡山苍苍入紫冥，下看南极老人星。"说明唐朝时，南极老人星的形象已经深入人心。

这两种不同的寿星说法，至唐朝始合二为一。

财神

74

旧时民间所祀之财神，是虚构的人物。赵公明，本名赵朗。有关他的传说，由来已久。最早的记载，似出自东晋干宝著《搜神记》。按《搜神记》卷五云："有妖书云：'上帝以三将军赵公明、钟士季，各督数（万）鬼下取人，莫知所在。'"这里记载的赵公明，在典籍中首次出现。

渐渐地，赵公明被演绎为财神。据《三教源流搜神大全》卷三记载："赵元帅，姓赵讳公明，终南山人也。自秦时避世山中，精修至道，功成，钦奉玉帝旨召为神霄副元帅。其服色头戴铁冠，手执铁鞭，面黑色而胡须，跨虎。驱雷役电，唤雨呼风，除瘟剪疟，保病禳灾，元帅之功莫大焉。至如公讼冤抑，买卖求财，可对神祷，无不如意，故上天圣号为总管上清正一玄坛飞虎金轮执法赵元帅。"这里的"至如公讼冤抑，买卖求财，可对神祷，无不如意"的记载，就是赵公明成为民间崇祀财神的由来。

也有传说指赵公明是张天师张道陵之徒。张道陵在鹤鸣山修炼时，收赵公明为徒，"使其骑黑虎，守护丹室"。张道陵炼丹成功后，分与徒弟们食用。赵公明吃了，顿时法力大增，形如天师。于是，张道陵命赵公明守护斋坛即玄坛。所谓"黑虎玄坛赵公明"就是这么来的。

赵公明成为民间信奉的武

财神，主要是得益于明朝作家许仲琳编撰的神魔小说《封神演义》的流传。小说讲述姜子牙奉元始天尊之命，在封神台封神。赵公明上了封神榜。封神时，姜子牙命清福神柏鉴："引赵公明等上坛受封。"不一时，清福神柏鉴用幡引赵公明等至台下，跪听宣读敕命。姜子牙曰："今奉太上元始敕命：

尔赵公明昔修大道，已证三乘根行；深入仙乡，无奈心头火热。德业迥超清净，其如安境牵缠。一堕恶趣，返真无路。生未能入大罗之境，死当受金诰之封。特敕封尔为金龙如意正一龙虎玄坛真君之神，率领部下四位正神，迎祥纳福，追逃捕亡。尔其钦哉！招宝天尊萧升、纳珍天尊曹宝、招财

武财神赵公明像

使者陈九公、利市仙官姚少司。"赵公明等听罢封号，叩首谢恩，出坛去了。这里说的"迎祥纳福，追逃捕亡"，就指明赵公明是个福神。而他手下的四位正神，分别具有"招宝""纳珍""招财""利市"的功能，则进一步说明赵公明是主管财政的财神。赵公明武艺高强，也就是武财神了。

《三教源流搜神大全》所描绘的赵公明形象为：头戴铁冠，手执铁鞭，面黑色而多须，跨虎。这正是后世所供武财神赵公元帅的典型图像。书中又称其授正一元帅，手下有八员猛将、六毒大神，还有五方雷神、五方猖兵、二十八将等。又称他能"驱雷役电，唤雨呼风，除瘟剪疟，保病禳灾"，功莫大焉。据此，道教又将其与灵官马元帅、关圣帝君关羽、亢金大神温琼合为四大天将。

关于赵公明的赐财功能，《三教源流搜神大全》解释说："买卖求财，公能使之宜利和合。但有公平之事，可以对神祷，无不如意。"自此，赵公明司财，使人致富的功能深入人心。至近代，又有人附会赵公明为回人，不食猪肉，"每祀以烧酒牛肉，俗谓斋玄坛"。（清姚福均辑《铸鼎余闻》卷四）这些都是虚构的。他的回回族籍身份，更是无稽之谈。

民间还以关公为财神。关公是一位全能神明，财神不过是其功能之一。

75

喜神

喜神又称吉神。严格地说，喜神是个抽象神，而不是具体神；是个概念神，而不是血肉神。但是喜神有一个特点，就是具有定向性，具有方位性。到后来，喜神也有了自己的形象，有了具体的神名。

开始，民间祭祀喜神都是抽象的，没有具体喜神形象。

农历春节和婚庆典礼是喜神出镜率最高的日子。春节大年初一迎喜神的习俗，流传至今。春节祭祖是远古祖先崇拜的余韵。祈求祖先阴灵护佑，降福于己，自然要把祖先看作"喜神"了。长江流域各地，元旦拜神敬祖后，视历书今年喜神的方位，点燃灯笼，烧起火把，鸣响爆竹，开门出行，面对吉方跪拜，称为"出大方"或"出行"，以迎喜神。四川人称之为"出行"，上海人称为"兜喜神方"。人人朝着吉方走，走到一座香火旺盛的庙上，燃起香烛，礼拜菩萨。祈求神明保佑自己，一年吉祥。

刘雅农在《上海闲话》中是这样描述上海人在新年子夜"兜喜神方"的情形的："除夕夜半后，沪俗有兜喜神方者。据时宪书所载，如甲戌，喜神在东北，则出门即向东北行，谓可遇佳运。远近不拘，绕街一匝而返。十里洋场，素称繁华，纨绔子弟以及富商巨贾，往往以兜喜神方为名，挟青粟者，乘钢丝马车，招摇过市。"此外，清末的社会写实小说《九尾龟》《海上花列传》等，都有新年初一，当红妓女穿着红裙去兜喜神方的描述。从前的妓女们平日是不准穿裙子的，更不能穿红裙，因为红裙是正室夫人的章服。只有大年初一可以破例，于是她们纷纷在大年初一穿起红裙，出门逛街，迎喜神。

无独有偶。旧时，北京妓院中也有"走喜神方"的风俗。大年初一天刚亮，她们要去"走喜神方"，认为遇得喜神，一岁康宁。

婚庆典礼膜拜喜神，很有讲究。新娘的坐卧立行，都要面对喜神。入屋后，新娘要根据阴阳先生所指示的喜神方位，面向神或坐或立。只有这样，新娘的一生才能喜事连绵不断。但这喜神的方位是变幻无定的，每天每时都不相同。

某天某时的喜神在什么方位，只有请阴阳家指示才能知道。据《破除迷信全书》卷十引清乾隆皇帝指示编撰的《协纪辨方书》云："喜神于甲己日居艮（gèn）方，是在寅时（3—5时）；乙庚日则居乾（代表天）方，是在戌时（19—21时）；丙辛日居坤（代表地）方，是在申时（15—17时）；丁壬日居离（代表火）方，是在午时（11—13时）；戊癸日居巽方（代表风）方，是在辰时（7—9时）。"推定喜神所在的方位以后，新娘子上了轿，轿口必须对准该方向，稍事停留，叫作迎喜神，然后才能出发。当然，这些都是迷信。

随着时间的推移，喜神也找到了自己的形象。最初的喜神是借用天官赐福的形象，没有什么创造。后来，和合二仙也成了喜神。旧时民间举行婚

喜神像

礼时，常挂和合像，取"和谐好合"之意，以图吉祥喜庆。

门神

76

门神是中国民间流行的居家保护神。对门神的信仰由来已久，这和中国古代鬼神观念的崇信有关。旧时，人们相信鬼神的存在，为了防范恶鬼的侵入，就在自家的门框贴上门神，以求阖家平安。

最早的门神是桃木雕成的两个神像，一个是神荼（shū），一个是郁垒（lǜ），悬于门上。

传说远古时的黄帝，既管理人间，也统治鬼国。对那些游荡在人间的群鬼，黄帝派了两员神将统领着，即神荼、郁垒俩兄弟。这哥儿俩住在东海的桃都山上，山上有一株巨大桃树，树干枝丫盘屈伸展达三千里。树顶上站着一只金鸡（又称天鸡）。每当太阳初升，第一缕阳光照在它身上时，金鸡即啼叫起来。接着，天下所有的公鸡一起跟着叫了起来。这时，在大桃树东北树枝间的一座"鬼门"两旁，神荼、郁垒一左一右威风凛凛地把守着。他俩监视着那些刚从人间游荡回来的、各式各样的大鬼小鬼。民间传说，鬼只能在晚上活动，天亮之前，不等鸡叫就得跑回鬼国。二位神将要是在鬼群里发现在人间祸害人的恶鬼，马上用苇索捆绑起来，扔到山后去喂老虎。因此，鬼最怕的有四样：神荼、郁垒、金鸡和老虎。

因为当时桃木很多，就将神荼和郁垒制成大桃人，立在门口，以驱逐鬼怪。后来，就在木板上绘画神荼、郁垒和老虎，并在门上悬挂绳索，以御恶鬼。

以上记载，见于东汉王充著《论衡·订鬼》："《山海经》又曰：沧海之中，有度朔之山，上有大桃木，其屈蟠三千里，其枝间东北曰鬼门。万鬼所出入也。上有二神人，一曰神荼，一曰郁垒，主阅领万鬼。恶害之鬼，执以苇索而以食虎。于是黄帝乃作礼，以时驱之，立大桃人。门户画神荼、郁垒和虎，悬苇索以御凶魅。"

原来的神像是立体雕刻，比较费工。后来就将神像绘画在木板上，并将木板悬挂在门上，这就简便多了。或者干脆在木板上书写神将的名字，以及画些符咒。这就是所说的桃符了。

以后，又出现了著名的灭鬼好手钟馗。

钟馗以后，又出现了武将门神。唐朝以后，最著名的门神是秦琼和胡敬德。秦琼和胡敬德是唐朝初年赫赫有名的战将，是帮助李世民打天下的开国元勋。《三教源流搜神大全》卷七云："按传，唐太宗不豫。寝门外抛砖弄瓦，鬼魅呼号。太宗以告群臣。秦叔宝出班奏曰：'愿同胡敬德戎装立门外，以伺。'太宗可其奏，夜果无警。因命画工图二人之像，悬于宫掖之左右门，邪祟以息。后世沿袭，遂永为门神。"

这是说，有一天，唐太宗李世民身体不适。他听到寝宫外，有抛砖弄瓦的声音，还夹杂着鬼怪的号叫声。唐太宗把这个奇怪的现象，告诉了诸位大臣。秦叔宝站出来，奏道："我愿意同胡敬德穿戴戎装，站在寝宫门外，保护皇上。"唐太宗答应了他们的奏请。照这样办，一夜果然无事。于是，唐太宗诏命宫廷画师，画了秦叔宝和胡敬德二人的画像，悬挂在寝宫的左右门。鬼怪作祟，竟完全止息了。后代沿袭了这个做法，秦叔宝和胡敬德二人就永远地当上了门神。

秦琼（？—638），字叔宝。齐州历城（今山东济南）人。封翼国公。后拜左武卫大将军。死后，改封胡国公。陪葬于昭陵。

胡敬德即尉迟敬德、尉迟恭（585—658），唐朝初年大将。字敬德。朔州善阳（今山西朔州）人。屡立大功，封鄂国公。因在"玄武门之变"中，射死李元吉，助李世民夺取帝位，因而备受恩宠。贞观元年（627），拜右武侯大将军，封吴国公。死后，陪葬于昭陵。

有的直接书写"秦军、胡帅"字贴于户上。他们本来是贵族门神，后来逐渐流传于民间。

两员神像贴在临街的大门上，披甲执钺，张牙舞爪，吓阻妖魔鬼怪。除秦叔宝和胡敬德以外，武将门神尚有赵云、马超、薛仁贵、盖苏文、孙膑、庞涓、黄三太、杨香武、燃灯道人、赵公明，乃至哼哈二将等。北方还有以孟良、焦赞为门神的，可能二人的出身不太硬气，曾落草当过强盗，故不堪登大雅之堂。这二位只好纡尊降贵，在牛棚、马圈等处充当守卫。

只有驱鬼镇妖一种功能的武将门神，已不能满足人们的多种需要，于是又出现了文官门神和祈福门神。后者寄托了人们祈望升官发财、福寿延年的愿望和心态。

门神除武将外，逐渐多样化了。祈求升官发财，贴文官门神，如文昌帝君；祈求多子多福，贴送子门神，如送子娘娘；祈求家庭和美，贴喜庆门神，如和合二仙等。温和门神大都贴于院内堂屋门上，以别于街门上的驱鬼镇邪的武将门神。

门神变成了一个多功能神。门神可以驱鬼神，镇妖邪，保升官，卫家人，助功利，降吉祥。因此，门神得到民间的礼拜。门神的信仰，寄托着人们心理的某种寄托。

77

井神

井神是保护人们用井水平安的吉祥神。中国古代讲究五祀。这五祀的对象是门神、户神、井神、灶神和土神。

井神是五祀之一，可见井神地位之重要。是呀，喝水能不重要吗？人离开了水是寸步难行的。

在古代，因为井水是水的来源的重要途径，所以就显得更加重要。那时，在城乡到处是水井。有了水井，人们生活才有了基本保证。因此，人民祭祀井神就顺理成章了。

那时，人们是怎样祭祀井神的呢？在农村，大凡每年除夕时便须封井。春节后第一次启封挑水时，要烧纸祭井。一封一启，标示新的一年开始了。初一为什么不挑水呢？据说，大年三十，井神要到东海，向龙王汇报工作。初二回

井神像

来后，要恭候玉皇大帝来视察工作。人们理解此时的井神很忙，因此，初一不挑水。初二一大早赶忙到井边挑水，名曰"抢财"。

遇到节日，人们要到井边摆上甜食供品，恭敬祭祀，祈求井神提供清纯甜美的井水，水流源源不断。遇到大旱天气，人们要特意到古老的大井里挑水，浇灌柳枝，祈求井神助一臂之力，普降大雨，周济众生。其他的，娶妻生子、添人进口，都要以不同的方式祭祀井神，怠慢不得。

井神并不讲究，一般没有庙宇。有的地方，在井边造一个简陋的神龛，供奉井神。还有的地方，在井边并排摆着两尊石像，一男，称水井公；一女，称水井妈。但都不庄严隆重，有那个意思罢了。中国老百姓在供奉神明方面也是讲究实际的。

灶神

灶神是民间风俗的居家保护神。又称灶君、灶王、灶王爷、灶君菩萨。据说，灶神能够升天到玉皇大帝处，汇报人间的善恶。因此，人们对这位长于打小报告的灶王爷，便心存敬畏。俗语"上天言好事，下界保平安"，说的就是人们对灶神的某种期待。

灶神的形成有一个历史过程。

最初的灶神，不是人，而是虫。这个虫，就是蟑螂。这个说法见于袁珂所编著的《中国神话大词典》。《庄子·达生》："灶有髻。"司马彪注："髻，灶神，着赤衣，状如美女。"《广雅·释虫》认为，髻是蝉。蝉，灶上有红壳虫如蝉，俗呼蟑螂，人或叫作"灶马"，四川叫作"偷油婆"。古代以此为神物。古人对灶间的蟑螂有所崇拜，以为是灶神。

赤衣，就是红壳；状如美女，是对蟑螂的崇拜。

也有的学者认为，这个"髻"是个美女。她身穿红衣，状如美女，即早期的灶神是个女性。后来，灶神演变成了男性。

很早以前，就出现了男性灶神。西汉刘安著《淮南子》说："黄帝作灶，死为灶神。"黄帝时期，黄帝就曾兼任灶神。《淮南子》又说："炎帝于火，死而为灶。"是说炎帝以火德王天下，死后蜕变成灶神。清俞正燮著《癸巳存稿》云："灶神，古《周礼》说，颛顼有子曰犁，为祝融，祀以为神。"很早以前，人们就把祝融当作灶神来祭祀了。黄帝、炎帝和祝融，都是左右人类存亡祸福的高等神仙，把他们当作灶神来祭祀，正说明灶神地位的重要。

灶神名气最大的是张蝉（一名张单）。唐段成式著《酉阳杂俎》说："灶神名蝉，字子郭，衣黄衣。"张蝉，字子郭。男人女相，长得像个美女，爱穿黄色的衣服，披散着头发。灶里出来，人若呼唤他的名字，就能免除凶恶灾害；如果不知道他的名字，见到他就会死去。灶神于壬子日亡故，不可于这一天修理锅灶。五月辰日，须用猪头祭祀。鸡毛入锅灶，会招致大祸；犬骨入灶，会生下狂子。这些都是迷信。

农村祭奠灶神的仪式是很讲究的。农历腊月二十三日，俗称小年。是晚，各村各户，无不祭祀灶神，名曰祭灶。祭时，用香五根，黄表纸三张，小蜡一对；祭灶烧饼二枚，名曰灶火烧；麦芽糖一块，名曰灶糖；雄鸡一只，名曰灶马童；细草少许，粮食五种，清水一杯，谓之马草，用以饲灶马者；预备新灶神一张，张贴灶前，谓之换新衣；随带黄纸马二张，约方寸许，名曰灶马。灶马一张黏在灶神额上，意谓迎灶神回宫之马，于元旦黎明焚化；另一张，即于当日随香

山东潍坊年画中的灶王爷爷和灶王奶奶

表焚化，意谓送灶神升天之马。

　　主祭之人必为家长。礼拜时，身后跪一幼童，双手抱一雄鸡，家长叩头毕，向灶神祷祝数语。祝毕，一手握鸡之顶，将鸡头向草料内推送三次，一手将凉水向鸡头倾洒，鸡若惊栗，便谓灶神将马领受。祭毕晚餐，食时豆腐汤为最不可少之物，并食祭灶神时之灶火烧。谓之过小年节。

　　有些地方的祭灶风俗，分两天举行。农历腊月二十三日夜祭荤灶，鸡、鸭、鱼、肉、美酒佳肴，唯恐灶爷不喝个烂醉；农历腊月二十四日晚上祭素灶，用的是水果、花生、瓜子、金针、香菇、木耳、百合以及点心等供品。各地情况不同，但都少不了糖瓜，即用麦芽糖粘住灶王爷的嘴，他就不能说别人的坏话了。为什么要分两天进行呢？不难理解，头一天是贿赂，怕灶神到天庭拨弄是非；第二天是怕灶神贪馋，带醉上天胡言乱语。

少数民族地区的祭灶，更有特点。广西环江壮族为祈求不生眼病和疥疮，每年农历正月初一至十五日四祭灶神，叫"灶王祭"。分大祭和小祭：大祭三年至五年一次，小祭每年一次。大祭以小猪一头、公鸡一只为祭品，并请巫师祈神；小祭仅用公鸡一只、猪肉一斤，不请巫师，各家自祭。无论大祭或小祭，妇女都要离开家里。传说妇女在家，灶王不敢出来领祭。

旧时北京的祭灶风俗，由下面这首俗曲就可以看出来了。俗曲道："腊月二十三，呀呀哟，家家祭灶，送神上天，祭的是人间善恶言。一张方桌搁在灶前，牵张元宝挂在西边。滚茶凉水，草料俱全。糖果子糖饼子，荤素两盘。当家人跪倒，手举着香烟，一不求富贵，二不求吃穿，好事替我多说，恶事替我隐瞒。"

79

床神

床神是中国民间礼拜的吉祥神。床神最初也是个概念神，不是形象神。人们礼拜的是他自己心中的抽象概念，而不是客观的具体形象。由于人们一生在床上待得时间很长，男女之欢，养儿育女，全离不开床，所以对床就产生了一种敬畏的心理。

床神有床公床母之分。据说，床公喜茶，床母好酒。祭祀时，要分别对待。民间祭祀

周文王姬昌像，《封神真形图》

床神，大体有三个目的：一是保佑小孩平安；二是保佑全家安寝；三是保佑夫妻和美。

先说保佑小孩平安。妇女生孩子，小孩出麻疹，都要祭拜床神。小孩生下第三天，用糕点祭拜床神，叫"洗三"。七夕也是女儿节。从前的传说中，树有树神，床有床神。床神是儿童的保护神。通常有小孩的家庭，在孩子十六岁以前都要拜床母。尤其是女孩子在七夕的时候，要拜床母。这样就会有一双巧手，会做许多巧事。

次说保佑全家安寝。民间有供奉茶酒于卧室的习俗，以祈求床神保佑终年安寝。祭拜床神大多在年底，也有在阴历每月初一、十五祭拜的。平时的祭拜，床神要求不高，不用大鱼大肉，瓜果糕点亦可，甚至在一个碗里插上一炷香也行。看来，床神是好说话的。

三说保佑夫妻和美。旧时，新人入洞房时，都要祭拜床神。祭拜时，也有一套仪式。目的是祈求床神保佑夫妻和美，子孙满堂，族属兴旺。祭拜床神之俗，南方比北方盛行，至近代已逐渐衰微。

祭祀床神的风俗在宋代已十分流行。宋杨循吉《除夜杂咏》诗曰："买糖迎灶帝，酌水祀床公。"给灶神买糖果，给床神上茶水，这正是当时民俗的写照。祭床神不仅民间流行，也逐渐传入皇宫内廷。宋曾三异在《同话录》中记载，翰林崔大雅夜晚在翰林院值班，突然宫内皇上降旨，让他马上写一篇《祭床婆子文》。崔大雅不知所以，"惘然不知格式"，不知道这种祭文的格式。他连夜赶到周丞相家讨教，周丞相很老练，急忙告诉他，可以套用民间的格式来写。你这样写：皇帝遣某人致祭于床婆子之神曰，汝司床簀，云云。崔大雅如释重负，赶紧起草了事。

床公床母一般没有塑像和画像。后来，出现了一种纸质的床神，如剪纸模样，一男一女，构图简单，剪裁方便，好像就是人们私下剪裁的。将这种纸质床神贴在床上，就可以保佑平安了。

随着时间的推移，床神也有了自己的供奉对象。一般有二说：一说是真君和元君；一说是周文王夫妇。

80

厕神

厕神是跟厕所有关的神明，是供人们占卜休咎之神。

有意思的是，厕神皆为女性形象。细分起来，厕神大体可以分为两类。一类是屈死鬼，如紫姑，有人说她是唐朝屈死的何媚，有人说她是汉朝屈死的戚姑；一类是英雄女，如武力广大无边的三霄娘娘。

先说屈死鬼厕神。这个厕神是唐朝山东莱阳人，名何媚，字丽卿。武则天称帝期间，何媚命苦，其夫叫山西寿阳刺史贪官李景给害死了。何媚被李景霸占为小妾。李景的大老婆见何媚年轻美貌，十分妒忌，时时想要害死她。于是，在农历正月十五日元宵节之夜，趁何媚入厕之时，大妇将何媚害死在厕中。何媚屈死，冤魂不散，在厕中游荡。李景每每入厕，都会隐隐听到啼哭声和刀兵声，令刺史十分恐惧。此事传到了武则天的耳朵里，武则天很是惊异。她查明了事情的原委，对屈死的何媚非常同情，当即下旨，晋封何媚为厕神。就这样，何媚当上了厕神，叫紫姑。也算给何媚一个说法了。

屈死鬼紫姑还有一个说法。有人认为紫姑不是唐朝的何媚，而是汉朝的戚姑。戚姑是汉高祖刘邦的妃子，后遭到吕后的陷害，施以酷刑，砍掉了四肢，成为"人彘"，死在厕所里。戚姑的惨死得到后人的同情。因此，人们就说紫姑神的原形是汉高祖的妃子戚姑了。

以上说的是屈死鬼厕神的类型。

次说英雄女厕神。英雄女厕神是指三霄娘娘，即云霄、琼霄和碧霄三位仙姑。她们是《封神演义》里的三仙岛的三位女侠的艺术形象。她们的兄长是著名的武财神赵公明。赵公明帮助商王打周王，不幸战死。三霄娘娘为其兄报仇，也投入了残酷的厮杀。她们个个武艺高强，功夫超人。最要命的是她们握有两件稀世法宝，一件是金蛟剪，一件是混元金斗。这两件法宝将她们的敌人都打败了。所有的神仙在这两件法宝面前，都丧失了法力，一律被擒。到最后，惊动了元始天尊和太上老君。这两位元老亲自出马，才轻而易举地要了三霄娘娘的性命。

最后，姜子牙奉元始天尊之命封神时，三霄娘娘被封为感应随世仙姑正神。具体内容如下："今特敕封尔三姑执掌混元金斗，专管先后之天，凡一应仙凡人圣天子诸侯贵贱贤愚，落地先从金斗转劫，不得越此，为之位。"

《封神演义》作者许仲琳借此发挥道："云霄娘娘、琼霄娘娘、碧霄娘娘，以上三姑正是坑三姑娘之神。混元金斗即人间之净桶，凡人之生育，俱从此化生也。"这就是说，三霄娘娘就是坑三姑娘，坑是指北方的茅坑、粪坑。并进一步说明，混元金斗不过是人们经常使用的净桶罢了。总之，英雄的三霄娘娘就是厕神。四川峨眉山曾有一座著名的三霄娘娘庙。三霄娘娘的塑像是娘娘模样，三人合祀，神态庄严，表情稳重。

81

地神

土地神，民间俗称土地爷、土地公。其老伴，则俗称土地婆、土地奶奶。道教神仙中，土地的级别最低，权力最小。但由于土地爷和土地婆离人间最近，最接地气，所以颇得百姓尊敬和信奉。

人类敬仰天空，同样崇拜大地。古人崇拜大地的形式很多，其中最正式最庄严的应数社稷。社稷，社代表土地；稷代表谷物，它们是最为农业社会所重视的。古代帝王，每年春秋，都要祭祀社稷。清乾隆皇帝每年农历二月和八月，都要遣官或亲自前往社稷坛祭祀。祭祀前，乾隆皇帝一定要斋戒三日，以示隆重。

我们还知道一个词——神祇。这里的神，指的是天神；祇，指的是地神。东汉许慎著《说文解字》解释："祇，地祇，提出万物者也。"地神是提供和出产万物的神仙，可见其对人类的重要性。

很多中国古代的土地爷都是当地名人。最早的土地爷是汉朝的秣陵尉蒋子文，他是秣陵（南京）的土地爷，后来还

作为土地神的岳飞
《历代君臣图像》

成为十殿阎罗第一殿秦广王。北宋文学家韩愈是北京的土地爷。唐朝的书法家、"草圣"张旭是江苏常熟的土地爷。北宋文学家苏轼是浙江杭州的土地爷。南宋时期的抗金英雄岳飞则被尊为临安（今杭州）的土地爷。

绝大多数土地爷和土地婆的形象是很亲民的，一般就是普通老头老太的打扮，并无过分的装饰和法器。他们的土地庙也很简单，甚至可以说是简陋，好点的有间房子；差些的就是几块砖头垒的小台子；有的甚至干脆用一块破木板，就把土地爷打发了。当然，土地爷来自民间，知道当地疾苦，也不会错怪百姓。

不过，有些地方的土地庙可以称得上是豪宅了。在中国台湾地区，土地被称作福德老爷、福德正神。这位老爷一身财主打扮，身穿绫罗锦缎，左手持金元宝，右手拿碧玉如意或拐杖。他们住的地方更是金碧辉煌。在台湾台中市的水景

福隆宫里面，就住着这样一位福德老爷。你看他不仅住的地方豪华舒适，而且头上竟然戴着金冠。

难道做土地爷也要学会投胎这个技术活？

82 城神

城神即城隍，是古代神话中城池的守护神，后来为道教所信奉。城隍神最早的雏形，是水庸神。据《周礼》记载，蜡祭八神之一，就有水庸神。水庸，即水沟。对此，清赵翼著《陔余丛考》卷十五说："水则隍，庸则城也。"这就证实了水庸神是最早的城隍神的说法。

古代的国家，一般都是城市国家。城墙对一个国家的安全十分重要。当然，仅有城墙，还是不够的。城墙之外，必须有护城壕。护城壕里，还

必须蓄满池水。因此，城隍神就具有了保家卫国的特殊意义。有了城隍神的保佑，城池就可以固若金汤。对城隍神的崇拜，也就顺理成章了。

各地的城隍基本都是当地的名人。西汉大将纪信因其忠心耿耿，被奉为郑州城隍；上海有三大城隍，即老城隍西汉政治家霍光、二城隍明太祖时期的侍读学士秦裕伯、新城隍清代江南提督陈化成；浙江杭州的城隍是南宋民族英雄文天祥；江苏苏州的城隍是春秋战国时期的政治家春申君。

城隍是有等级的。明代，城隍被分为五个等级，即第一等京师城隍，封福明灵王；第二等都城隍，封明灵公，掌管省；第三等府城隍，封威灵公，掌管府；第四等州城隍，封灵佑侯，掌管州；第五等县城隍，封显佑伯，掌管县。城隍下辖三司，即阴阳司、速报司、纠察司。其他属下还有文武判官、范谢将军、牛马将军、甘柳将军、韩卢将军、日夜游神、枷锁将军等。

今天西安的城隍庙就是明太祖朱元璋洪武年间修建的。它雄伟壮丽，蔚为大观，呈一时之盛。大殿正中是城隍神，两旁分列判官、牛头、马面、黑白无常等鬼卒，面目狰狞，阴森恐怖，展现了阴间的一角。

第九章

山泽神

月神

月神是中国民间喜闻乐见的爱情之神。月神，又称月姑、月精、月娘、月宫娘娘、月光菩萨、太阴星主等。

月神，在我们的心目中，大抵是指美丽的嫦娥。中国古书上将嫦娥奔月和后羿射日的神话传说有机结合，并加以巧妙的编织和合理的铺演，就变成了一个相对完整的凄美的神话故事。

嫦娥奔月和后羿射日的故事，分别来源于中国古籍《山海经》和《淮南子》。据《山海经·大荒西经》记载："帝俊妻常羲。"这里的"常羲"，就是嫦娥。嫦娥，又叫常仪、姮娥、常娥。

其实，后羿本来是一位天神。他是奉天帝之命下到人间，对苍生救苦救难来了。这个救苦救难的故事，来源于西汉刘安著《淮南子·本经》。这里说到，尧的时候，人间出现了异常情况。天上突然同时冒出来十个太阳，强烈的阳光照在万物上，烤焦了庄稼，晒杀了草木，老百姓断了吃食，奄奄一息，嗷嗷待哺。此时，各种妖魔鬼怪、毒蛇猛兽，也纷纷出笼，危害人类。天下大乱，民不聊生。面对此情此景，后羿下凡到人间救苦救难，铲除妖魔。他用特制的弓箭，一口气射落了九个太阳，并除掉了出笼危害人类的妖魔鬼怪，还老百姓一个正常的世界。从此，老百姓可以安居乐业了。

不承想，被射落的九个太阳都是天帝的儿子，惹了大祸。天帝大怒，将后羿和他的妻子嫦娥双双赶下天界，贬为凡人。后羿和嫦娥不满意在人间的生活，还想回到天堂，就请求西王母赐给他们长生不死之灵药。不久，他们得到这服灵药。后羿徒弟趁其不在家欲偷灵药，恰被嫦娥撞见。慌乱之中，嫦娥吞下了灵药。吃了长生不死药的嫦娥，飞上了月

婧妊像

宫。后羿失去了爱妻，很是失落，但也没有办法了。嫦娥飞到了月宫，成了月宫的主人，就是月神。

但嫦娥在广漠的月宫也感到无限的寂寞，从而更加思念在人间的丈夫后羿。因此，嫦娥设了一计，让后羿在阴历八月十五日月明之时，做成圆形的丸子，放在屋内的西北方向，三更时分，连呼嫦娥的名字，嫦娥就可以从月宫飞回人间了。后羿如法炮制，终于如愿以偿。后羿和嫦娥得以团圆，圆状形的丸子就变成了后来的月饼。中秋节望月宫，吃月饼，正是盼望恋人、亲人永远团圆之意。

青年男女谈情说爱，往往在花前月下。对月海誓山盟，是古代才子佳人的通行做法。他们祈求月宫娘娘为他们的爱情作证，让他们白头偕老，相爱终生。因此，美丽的嫦娥就成了恋爱男女的见证人。月神一直寄托着恋爱中的男女的复杂情怀。

雷神

雷神有很多，雷界最高的神是九天应元雷神普化天尊。九天，亦称九霄，它们是中央钧天、东方苍天、东北变天、北方玄天、西北幽天、西方颢天、西南朱天、南方炎天、东南阳天。雷神是正义之神，是惩恶之神，是扬善之神。这个九天应元雷神普化天尊具体是指谁呢？有三种说法。

第一种说法，是元始天尊第九子玉清真王。说他专制九霄三十六天，执掌雷霆之政，称"神雷真王"。

第二种说法，是黄帝。古代典籍里说道："黄帝名轩辕，北斗神也，以雷精起。""轩辕星，主雷雨之神。""轩辕十七星，在七星北，黄龙之体，主雷雨之神。"明末清初学者徐道著《历代神仙通鉴》（一名《三教同源录》）记载："（黄帝）封号为九天应元雷神普化真王。所居神雷玉府，在碧霄梵气之中，去雷城二千三百里。雷城高八十一丈，左有玉枢五雷使院，右有王府五雷使院。真王之前有雷鼓三十六面，三十六神司之。凡行雷之时，真王亲击本部雷鼓一下，即时雷公雷师兴发雷声也。雷公即入雷泽而为神者也。力牧敕为雷师皓翁。三十六雷，皆当时辅相有功之臣。"

这里描写了一个雷神的世界：雷城二千三百里外，有神雷玉府，神雷玉府的左边有玉枢五雷使院，右边有王府五雷使院。神雷玉府里端坐着雷神真王，真王前端立着三十六位神司，每位神司前摆放着一面雷鼓，共三十六面，为司雷之用。这分明是一个完整的雷的世界。而这个九天应元雷神普化真王，就是黄帝。

第三种说法，是闻仲。此说源于明代小说家许仲琳的《封神演义》。《封神演义》第二一九回"姜尚登坛封神众"里写道："今特令尔督帅雷部兴云布雨，万物长生，诛逆除奸，善恶由之祸福。敕封尔为九天应元雷声神普化天尊之职，仍率领雷部二十四员催云助雨护法天君，任尔施行。其尔钦哉！"姜子牙除敕封了闻仲外，又封了邓忠、辛环、张节、陶荣、刘甫、苟章、毕环、秦完等二十四员雷部正神，还封了二位女性，金光圣母为闪电神，菡芝仙为助风神。

拜神怪小说《封神演义》广为流传所赐，第三种说法占了上风。现在百姓熟知的雷界最高的神是商纣朝太师闻仲。闻仲十分了得，他额有三目，中目一睁，能发出白光一道，大约有二尺多长。他曾乘骑黑麒麟，周游天下，霎时即可行至千里之外。相传六月二十四日乃天尊出现的吉日，故古时民间在这一天致祭。

其实，雷神的形象有一个发展变化的过程。古代典籍里描写的雷神，形态各异。有说"豕首麟身"的；有说"状如六畜，头如猕猴"的；有说其形

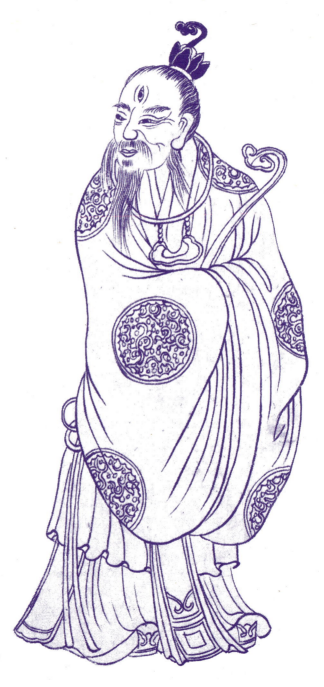

九天应元雷神普化天尊

如鬼怪的；有说"若力士之容"的；有说"大首鬼形"的。到了明清时期，雷神的形象渐趋统一。清黄伯禄所著的《集说诠真》里有一段对雷神的描写，大体是雷神塑像的文字基础。其文曰：

今俗所塑之雷神，状若力士。裸胸坦腹，背插两翅，额具三目，脸赤如猴，下颚长而锐，足如鹰鹳，而爪更厉，左手执楔，右手持槌，作欲击状。自顶至旁，环悬连鼓五个，左足盘蹑一鼓，称曰雷公江天君。

这里描写的"脸赤如猴，下颚长而锐"，就是典型的雷神脸型。也就是人们常说的猴脸和尖嘴，即"雷公脸"与"雷公嘴"。

雷神在百姓的心目中是正义之神。这是古代人们对自然现象处于蒙昧无知状态下，对自然的一种唯心的解释。人们创造了雷神，希冀雷神主持正义，消解他们心中的不平。

风神

风神民间又称风伯、风师。风神是掌管风的起停、强弱、方向的自然神。中国地域广大，地势复杂，风的表现形态各异。因之，传说中的风神，古今有别，南北有差。

说到风，我们自然想到了战国宋玉的名篇《风赋》。

楚襄王问："夫风，始安生哉？"宋玉对曰："夫风生于地，起于青萍之末，侵淫溪谷，盛怒于土囊之口。缘泰山之阿，舞于松柏之下。"白话翻译是这样的。楚襄王问："风刚开始是从哪里发生出来的？"宋玉答："风发生在大地上，从浮萍的尖端吹起逐渐扩展到山谷，在大山洞的洞口增加了威力。沿着大山的山坳，吹动松柏摇摆不停。"

这是楚襄王和文学侍从宋玉在探讨风的起因。宋玉的回答，认为"风生于地"，这个回答还是唯物的、可信的。但是古人往往认为有一种特殊的物体推动，从而形成了风，这个物体就是风神。

传说中的风神著名的有四位。

第一位是箕星。风是一种客观存在的自然现象，但它与雨雪冰雹不同，是看不见、摸不着的。风是怎样形成的，古人百思不得其解，认为也许与天上的星辰有关。于是，箕星就作为风神被供奉。

东汉应劭著《风俗通义》载："风师者，箕星也，主簸物，能致风气也。"学者蔡邕进一步解说："风伯神，箕星也。其象在天，能兴风。"这是说，箕星是风师；是风伯，是风神。那么，箕星是什么星呢？箕星又称箕斗、斗宿，共由四颗星组成。古人将其在天上形成的图形，想象成筛粮食的工具簸箕的形状。箕星好像用簸箕筛选粮食那样，"主簸物，能兴风"。因之，箕星就成为古人心目中的风神了。

第二位是飞廉。这是大诗人屈原说的。屈原在《离骚》中吟道："前望舒使先驱兮，后飞廉使奔属。"其中的"望舒"又称"纤阿"，是为月神驾车的驭者。东汉王逸注曰："飞廉，风伯也。"宋洪兴祖补注："应劭曰：'飞廉，神禽，能致风气。'"

如此看来，"飞廉"就是风神，他发出的劲风，推动着月神的香车飞奔。那么，飞廉的尊容如何呢？宋洪兴祖补注："晋灼曰：'飞廉鹿身，头如雀，有角，而蛇尾豹文。'"飞廉就是这样一个长相奇特的风神。

第三位是风姨。风姨出自清李汝珍所著的神怪小说《镜花缘》。小说描写三月初三日正值西王母圣诞日，众位仙子到西方昆仑山，同赴"蟠桃圣会"，为西王母祝寿。席间，嫦娥举杯倡议，百花仙子发个号令，让百花一齐开花，共同来为西王母祝寿。

百花仙子十分为难，说

道："小仙所司各花，开放各有一定时序，非比歌舞，随时皆可发令。月姊今出此言，这是苦我所难了！"表示不能照办。

不承想，风神风姨闻听百花仙子之言，在旁便说道："据仙姑说得其难其慎，断不可逆天而行。但梅乃一岁之魁，临春而放，莫不皆然。何独岭上有十月先开之异？仙姑所谓号令极严、不敢参差者安在？世间道术之士，以花为戏，布种发苗，开花顷刻。仙姑所谓稽查最密、临期而放者又安在？他如园叟花佣，将牡丹、碧桃之类，浇肥炙炭，岁朝时候，亦复芬芳呈艳，名曰'唐花'。此又何人发号播令？总之，事权在手，任我施为。今月姊既有所恳，无须推托。待老身再助几阵和风，成此胜会。况在金母筵前，即玉帝闻之，亦为便加罪。若有过失，老身情愿与你分任，何如？"

嫦娥对百花仙子的要求是强人所难，很不合理；而风姨不但不加以劝阻，反而怂恿百花仙子做错事。当然，百花仙子坚持原则，没有按她们的要求去做。从中可见，风姨在此是不讲原则的，但却很有个性。李汝珍所塑造的风姨形象，就是一个女性风神。

第四位是方天君。清黄伯禄所著的《集说诠真》里介绍了一位民间熟知的男性风神方天君："今俗塑风伯像，白须老翁，左手持轮，右手执箑（shà），若扇轮状，称曰：风伯方天君。"这个风神的形象深入人心，在民间广为流传。

风既有暴虐的一面，又有和善的一面。人们有时诅咒它，有时又歌颂它。给人们造成灾难时，人们强烈地诅咒它；给人们带来喜悦时，人们热烈地歌颂它。总的看，风是人们的朋友，人们是喜爱它的。因此，古代的人们虔诚地祭祀风神。

雨神

86

雨神是掌管雨水的自然神。雨神又称为雨师。

古代雨神著名的有五位。

第一位是毕星。东汉蔡邕在《独断》里说道:"雨师神,毕星也。其象在天,能兴雨。"这里说毕星是雨神。毕星就是古代所说的毕宿。毕宿是二十八星宿之一,为西方白虎七宿之第五宿。毕宿共有八颗星,在金牛座。

古人为什么祈求雨神?旱灾对社会生活影响极大,古人往往束手无策,只得祈祷雨神。西周及春秋列国,将祭祀雨神列为国家祀典,丝毫不敢大意。秦国还专门建造了国家级的雨师庙,定期祭祀,以求得雨神的保佑。据说,当时秦国的"风伯、雨师之属,百有余庙"。可见,古人对自然神风神和雨神的敬畏之心。

第二位是屏翳(亦称玄冥)。在《山海经·海外东经》中,郭璞注曰:"雨师,谓屏翳也。"而东汉应劭著《风俗通义》载:"玄冥,雨师也。"这是关于雨神的古代的一种说法,但没有更多的详细记载。

第三位是商羊。商羊是鸟名,是一位雨神。《三教源流搜神大全》卷七写道:"雨师神,商羊是也。商羊神鸟,一足,能大能小,吸则溟渤可枯,雨师之神也。"这个神鸟,一只脚,可以变化大小,能量很大,能够吸光渤海之水。这商羊确实是一个神奇的雨师。

《孔子家语·辩政》里这样记载商羊:"齐有一足之鸟,飞集于宫朝,下止于殿前,舒翅而跳。齐侯大怪之,使使聘鲁,问孔子。孔子曰:'此鸟名曰商羊,水祥也。昔有童儿屈其一足,振讯两眉而跳,且谣曰:天将大雨,商羊鼓舞。今齐有之,其应至矣。急告民趋治沟渠,修堤防,将有大水为灾。'顷之,大霖雨,水溢泛诸国,伤害民人,唯齐有备不败。"这个神话故事，主要是描写了雨师商羊救助百姓的功绩，彰显了雨神的重要作用。

第四位是赤松子。明洪自诚著《仙佛奇踪》云："赤松子，神农时雨师，炼神服气，能入水不濡（rú）；入火不焚。至昆仑山，常至西王母石室中，随风雨上下。炎帝少女追之，亦得仙俱去。高辛时为雨师，间游人间。"

明末清初学者徐道著《历代神仙通鉴》（一名《三教同源录》）描写的赤松子更为详细："（神农时）川竭山崩，皆成砂碛，连天亦几时不雨，禾黍各处枯槁。有一野人，形容古怪，言语癫狂，上披草领，下系皮裙，蓬头跣足，指甲长如利爪，遍身黄毛覆盖，手执柳枝，狂歌跳舞，曰：'予号曰赤松子，留王屋修炼多岁，始随赤真人南游衡岳。真人常化赤色神首飞龙，往来其间，予亦化一赤虬，追慢于后。朝谒原始众圣，因予能随风雨上下，即命为雨师，主行霖雨。'"

综合以上两条，可知赤松子是神农或帝喾时期的雨师。他神通广大，法力无边，能随风雨上下，入水不湿，入火不焚，常化作赤龙，往来飞舞。由此，引起天帝的注意，即命他为雨师，主管霖雨之事。

第五位是陈天君。据清黄伯禄著《集说诠真》描述，陈天君的形象为"乌髯壮汉，左手执盂，内盛一龙，右手若撒水状"。这位陈天君不很出名，但他的形象却被民间接受了。

87

火神

火神是中国古代神话传说中主管火的自然神。火神在神话传说中，著名的有三位。

第一位是祝融。据说，祝融是炎帝的后裔。《山海经·海内经》记载："炎帝之妻，赤水之子德沃，生炎居，炎居生节并，节并生戏器，戏器生祝融。"可见，祝融乃炎帝之后裔。祝融的长相如何？《海外南经》记载："南方祝融，兽身人面，乘两龙。"可知，祝融是个亦人亦兽的怪物，神通广大，乘骑两条龙。西晋郭璞注："（祝融）火神也。"传说祝融在衡山一代游息。他教会了百姓如何取火用火，给百姓的生活带来前所未有的便利。因此，后世管理火的火正就以他的名字命名。当时，南方有一条火龙作怪，它喷出的烈焰烧毁了百姓的许多财产。祝融乘龙飞去，用神鞭将火龙打死，为民除害。从此，人们祭祀他，祈祷他的帮助。祝融成为中国人心目中的火神。

第二位是阏（è）伯。《左传·昭公元年》记载道："昔高辛氏有二子，伯曰阏伯，季曰实沈。居于旷林，不相能也。日寻干戈，以相征讨。后帝不臧，迁阏伯于商邱。主辰，商人是因，故辰为商星；迁实沈于大夏，主参，唐人是

因，以服事夏商。"这是史书关于火神阏伯的记载。

根据史书记载和民间传说，可以捋出有关火神阏伯的情况。

先说说高辛氏。高辛氏是传说中的古帝王，就是帝喾。帝喾是黄帝的曾孙。帝喾出生时就是神灵，能够察微知远，仁而威，惠而信，修身而天下服。帝喾作历法，敬鬼神，节用财物，抚教万民，四远皆从。帝喾是个好帝王。

再说说阏伯哥俩。帝喾有两个儿子，哥哥叫阏伯，弟弟叫实沈。哥俩生活在广袤的森林里，但是关系很不融洽，几乎天天武力相见，互相厮杀。后来，帝喾无法，只得想办法把哥俩分开。帝喾将哥哥分封到商邱为火正，主管火事，封号叫商。将弟弟实沈分封到大夏，主管参星。二人后来成为神星。阏伯死后被称为商星，实沈死后被称为参星。参星居西方，商星在东方。一个落下时，一个正好升起。两颗星，

出没永不相见。因此，后来比喻二人久别或兄弟不睦，叫参商。唐朝大诗人杜甫在《赠卫八处士》一诗中写道："人生不相见，动如参与商。"其典故就源于此。

最后说说阏伯台。阏伯在封地"商"做火正，忠心耿耿，呕心沥血，深受人民爱戴，人民感念他的功德，尊他为火神。阏伯在掌管火事的同时，还筑台观察日月星辰。阏伯以观察的结果为依据，测定一年自然的变化和作物的收成。阏伯的天文台是我国最早的天文台之一。他死后葬于封地。由于阏伯封号为"商"，他的墓冢也被称为商丘。今天商丘之地名，亦由此而来。

据宋王明清著《挥麈后录》云："太祖皇帝草昧日，客游睢阳，醉卧阏伯庙。"是说宋太祖赵匡胤还没有当皇帝时，曾经到过睢阳，并醉卧在阏伯庙里。这就说明，至少在五代时阏伯庙就存在了。睢阳是现在商丘市的一个区，即睢阳区。

阏伯台，又称火星台或火神台。位于商丘古城西南1.5公里处。现存阏伯台如墓状，高35米，周长270米，夯土筑成。层层夯土中夹杂不少汉代的瓦片与陶片，由此，阏伯台可能是汉代所筑。原来的阏伯台因黄河泥沙多次淤积，隐于现存台下。

阏伯台下的土丘，即阏伯始封之商丘。阏伯台在一望无际的大平原上，显得高大突兀。此台为古代商丘都城一带的最高点，再加之古人认为阏伯台的精气，上阏应商星，所以，自古以来，人们都把阏伯台看作是商丘的象征。阏伯台上现有阏伯庙，为元代建筑。庙宇有大殿、禅门、配房、钟鼓楼。殿宇飞檐走兽，金碧辉煌。明清以来，几经修葺。1981年又重修。每年阴历五月初七日，方圆数百里的民众前往朝拜，谓之朝台，至二月初二日方止。朝台赶会者每天多达数万人。

第三位是火德星君罗宣。这是《封神演义》中姜子牙任命的。姜子牙命道："敕封尔（罗宣）南方三气火德星君正神之职，加领本部五位正神，任尔施行，巡查人间之善恶，以降天上之灾祥，秉政无私。尔其钦哉！"火部五位正神的名号依次为尾火虎朱招、室火猪高震、觜（zī）火猴方贵、翼火龙玉蛟、接火天君刘环。至此，火德星君加上五位正神，这六位火神构成了一个火神组合，协助太上老君处理天下关于火的事宜。

清代皇帝对祭祀火神，十分在意。乾隆帝就自己或遣人按时祭祀火神。《清高宗实录》记载，乾隆元年六月二十三日丙戌（1736年7月31日），乾隆帝即遣官祭火神庙。类似记载，不胜枚举。

河神

河神是指黄河的水神河伯。河伯，也称冰夷、冯夷和无夷。唐段成式著《酉阳杂俎》云："河伯人面，乘两龙。一曰冰夷，一曰冯夷，又曰人面鱼身。"晋葛洪云："冯夷以八月上庚日渡河溺死，天帝署为河伯。"这是说，河伯是个溺水而亡的溺死鬼。西晋司马彪著《清泠传》云："（冯夷）华阴潼乡堤首人也，服八石，得水仙，是为河伯。"这是说，冯夷在水中得到水仙的仙气，而变成了河伯。

河伯的长相怎样呢？有的说是"人面"；有的说是"人面鱼身"；有的说是"人面牛身"；有的说是"牛首人面"；有的说是"白面长人鱼身"。战国尸佼著《尸子》云："禹理水，观于河，见白面长人鱼身，出曰：'吾河精也。'授禹图而还于渊中。"这是说，大禹治水时还亲眼见过河神，并得到河图一纸。

这些关于长相的传说，比较贴切的是"人面鱼身"，因为河伯是游弋在水中，总是跟鱼有关联的。

对河伯的形象记载，当属屈原的《楚辞·九歌·河伯》："与女游兮九河，冲风起兮横波，乘水车兮荷盖，驾两龙兮骖螭。"原来把"女"读成"汝"，意指河伯；闻一多《楚辞校补》认为，"女"当为河伯乐所从游之少女，较为合理。此段语义为："和女同游啊滔滔九河，冲锋破浪啊滑过水波。如乘水车啊荷叶当盖，驾两金龙啊自由快活！"这似乎是关于河伯的最早的文学描写。

河伯不是正义之神，而是邪恶之神。在古代神话传说中，他是个个性卑劣、好勇斗狠、飞扬跋扈、贪色恋淫之徒。

《史记》中有何伯娶妇的记载。《史记·滑稽列传》：

魏文侯时，西门豹为邺令

（县长）。豹往到邺（今河北省临漳县），会长老，问之民所疾苦。长老曰："苦为河伯（河神）娶妇，以故贫。"豹问其故，对曰："邺三老、廷掾（yuán）常岁赋敛百姓，收取其钱得数百万。用其二三十万为河伯娶妇，与祝巫共分其余钱持归。当其时，巫行视小家女好者，云是当为河伯妇，即娉（同聘）取。洗沐之，为治新缯绮縠衣，间居斋戒；为治斋宫河上，张缇绛帷，女居其中。为具牛酒饭食，十余日。共粉饰之，如嫁女床席，令女居其上，浮之河中。始浮，行数十里乃没。其人家有好女者，恐大巫祝为河伯娶之，以故多持女远逃亡。以故城中一空无人，又困贫，所从来久远矣。民人俗语曰：'即不为河伯娶妇，水来漂没，溺其人民云。'"西门豹曰："至为河伯娶妇时，愿三老、巫祝、父老送女河上，幸来告语之，吾亦往送女。"皆曰："诺。"

至其时，西门豹往会之河上。三老、官属、豪长者、里父老皆会，以人民往观之者三二千人。其巫，老女子也，已年七十。从弟子女十人所，皆衣缯单衣，立大巫后。西门豹曰："呼河伯妇来，视其好丑。"即将女出帷中，来至前。豹视之，顾谓三老、巫祝、父老曰："是女子不好，烦大巫妪（大巫婆）为入报河伯，得更求好女，后日送之。"即使吏卒共抱大巫妪，投之河中。有顷，曰："巫妪何久也？弟子趣（催促）之！"复以弟子一人投河中。有顷，曰："弟子何久也？复使一人趣之！"复投一弟子河中。凡投三弟子。西门豹曰："巫妪、弟子是女子也，不能白事（白事，禀报事情），烦三老为入白之。"复投三老河中。西门豹簪笔磬折（形容西门豹装出恭敬的样子），向河立待良久。长老、吏、旁观者皆惊恐。西门豹顾曰："巫妪、三老不来还，奈之何？"欲复使廷掾与豪长者（地方豪绅）一人入趣之。皆叩头，叩头且破，额血流地，色如死灰。西门豹曰："诺，且留待之须臾。"须臾，豹曰："廷掾起矣。状河伯留客之久，若（你们）皆罢去归矣。"邺吏民大惊恐。从是以后，不敢复言为河伯娶妇。

此中的河伯即指河神。这个河神被愚昧的人们利用了。官府与巫祝、豪绅相互勾结，鱼肉百姓，百姓苦不堪言。清官西门豹到任，即巧妙地利用这个为河伯娶妇的丑恶罪行，以毒攻毒，狠狠地打击了鱼肉

河神像

百姓的恶势力，为民除害，大快人心。同时，西门豹带领全城老百姓挖河修坝，根除水患。漳河两岸年年丰收，人们都非常感激西门豹。

89

山神

山神是传说中的高山大岭的自然神。中国典籍中提到的山神很多，几乎每座名山都有自己的山神。其中，级别最高的山神是黄天化。

黄天化是个少年英雄。他在同商纣的战斗中立下了汗马功劳。

当时，商营拥有四员战将，即魔家四兄弟：魔礼青、魔礼红、魔礼海、魔礼寿。这四兄弟武功了得，还都拥有绝杀法器。因此，两相交锋中，周营屡屡败下阵来，甚至姜子牙亲自出马，也没有胜算。在强大的敌人面前，周武王和姜子牙陷入了深深的苦闷之中。"君臣闷坐，彼此暗暗为难，想不出良谋妙计，怎能退去商营这支人马"。

他们的愁苦，惊动了青峰山紫阳洞清虚道德真君。他掐指一算，知道姜太公被魔家四将困于岐山关，遂决定特派徒孙黄天化下山，解燃眉之急。黄天化领命，手抱两柄银锤，腰揣法器钻心钉，乘骑怪兽玉麒麟，腾云驾雾，飞到了岐山关周营。

魔家四将见黄天化只是一个十多岁的少年郎，更加傲慢狂妄。在同黄天化对阵时，魔礼青轻蔑地呼道："幼儿，问吾等姓名，听真！老爷姓魔，双名礼青，二爷礼红，三爷礼海，四爷礼寿。在纣王驾下称臣，官拜佳梦关权衡。今奉旨领兵在此安营，尔等何名，报将上来，也好在疆场废命。"

但是，就是这个看似不起眼的"幼儿"，却在几个回合中，先后将魔家四将斩首，破解了岐山关的围困，取得了辉煌的胜利。

由此，黄天化进入了功臣榜，得到了重要的册封，成为管领三山正神丙灵公。他的手下还有五岳正神，即五岳之首东岳泰山天齐仁圣大帝黄飞虎、南岳衡山司天昭圣大帝崇黑虎、中岳嵩山中天崇圣大帝闻聘、北岳恒山安天玄圣大帝崔英、西岳华山金天顺圣大帝蒋雄。

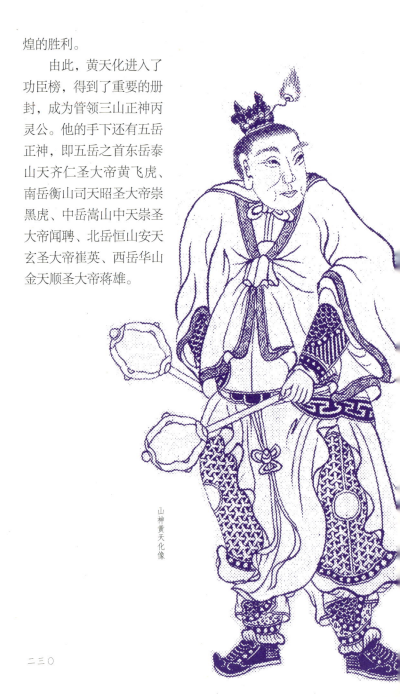

山神黄天化像

古时，进山人对山神执礼甚恭。以采药人为例，进山前须斋戒五十日。进山时须"牵白犬，抱白鸡"，以博得山神喜欢，将芝草玉药宝玉奉献出来。离山百步远时，要呼喊山王名"林林央央"，确保百邪不近身。采药人要熟知进山的礼节，只有这样，才能得到山神的庇佑，取得预期的效果。

90

瘟神

瘟神也称疫神，或作瘟鬼、疫鬼、五瘟使者。中国古代神话中的降瘟之神。

瘟神古代传说中有三个版本。

第一个版本。 东汉蔡邕著《独断》记载："帝颛顼有三子，生而亡，去为鬼：其一居江水，是为瘟鬼；其一居若水，是为魍魉；其一居人宫室枢隅处，善惊小儿。"这是说，

颛顼帝有三个儿子，刚生下来，就不幸夭亡，变成了厉鬼。其中一个居住在江水，变成瘟鬼；其中一个居住在若水，变成怪鬼；其中一个居住在宫室门轴底下，变成惊吓小儿的恶鬼。可知，瘟鬼是颛顼帝三个儿子中的一个变成的。

第二个版本。 隋唐时代出现了五瘟神的说法，五瘟神也叫五瘟使者。这种说法来自《三教源流搜神大全》卷四："昔隋文帝开皇十一年六月内，有五力士现于凌空三五丈于余，身披五色袍，各执一物。一人执杓子并罐子，一人执皮袋并剑，一人执扇，一人执锤，一人执大壶。帝问太史居仁曰：'此何神？主何灾福也？'张居仁奏曰：'此是五方力士，在天为五鬼，在地为五瘟使者。春瘟张元伯，夏瘟刘元达，秋瘟赵公明，冬瘟钟仕贵，总管中瘟史文业。'帝乃立祠，诏封五方力士为将军。后匡阜真人游至此祠，即收服五瘟神为部将也。"

瘟神本来是为害地方、制造瘟疫的凶神恶煞，这五瘟神也是如此。他们每人都手执法器，威力广大。隋文帝意在令他们改邪归正，造福黎民，即诏封五方力士为将军。其中青袍力士封为显圣将军，红袍力士封为显应将军，白袍力士封为感应将军，黑袍力士封为感成将军，黄袍力士封为感威将军。于是，隋唐之际，人们都在五月五日祭祀瘟神。后来正神匡阜真人用法力将这五瘟神收服为部将，称五瘟使者，变害为福了。

其实，据说这五瘟神是有些来历的。据《管子·轻重甲》说："昔尧之五吏五官，无所食，君请立五厉之祭，祭尧之五吏。"五厉之厉，就是疠，五厉就是五种疫疠之神。五厉据说就是隋唐时期的五瘟神。因此，五瘟神来历是很久远的，在遥远的尧帝时代就存在了。

第三个版本。这个说法来自明许仲琳著《封神演义》。

《封神演义》中姜太公封吕岳为主瘟癀昊天大帝之职。其手下还有六位正神：东方行瘟使者周信、南方行瘟使者李奇、西方行瘟使者朱天麟、北方行瘟使者杨文辉、劝善大师陈庚和瘟道士李平。这就是说，瘟神是吕岳，他手下还有东西南北四位行瘟使者及劝善大师和瘟道士。

91

牛王

牛王即牛神，是古人崇拜的动物神，人间动物的守护神。牛王是何来历？古代传说有二。

一说是一株大梓树。

据唐代志怪小说集《列异传》记载，公元前739年，秦文公派人到南山伐树。伐树进展顺利，但遇到了一株特殊的大梓树，很棘手。这株树很是奇怪，随砍随合，根本伐不倒它。秦文公不信邪，立即加派四十余个身强力壮者，不停歇地轮流砍伐，然而仍然不见效，还是砍不倒，人们只得暂时撤下去休息。一个力工，因脚上受了伤，没有离开，躺在树下休息。

到了晚间，这位力工忽然听到说话声，感到十分诧异。他屏住呼吸，仔细倾听。只听到似乎无影无形的两个鬼，互相调侃。甲鬼悻悻地说："秦文公是不会善罢甘休的，还是要来砍伐。"乙鬼毫无惧色，洋洋自得地答道："嘻嘻，我不怕，谅他也没有什么高招，他能把大爷我怎么样呢？"甲鬼沉默了一会，瞧瞧四周，像怕被人听到似儿的悄悄问道："他要是穿上红色的衣服，动用红色的土灰呢？"乙鬼像被人点到了软肋，一下子沉默了，不知如何是好。这位力工听明白了，原来这株大梓树，最怕红衣赤灰。

力工立即把自己听到的秘密，以最快的速度报告了秦文公。秦文公大喜，立即派人找来了赤灰，并让砍树的力工全都穿上红色的衣服，以彰显威力。砍树时，砍开一个口子，赶忙塞上赤灰。以此类推，如法炮制，十分奏效，很快就把这株不屈服的大梓树砍倒了。

大梓树很快变化成了一头雄壮的黄牛，跳入水中，逃跑了。这头牛，就是不轻易屈服的牛王。以此，秦文公特为此牛立祠祭祀，这就是牛王的来历。从中可知，牛王原来是一株大梓树。

二说是名人冉伯牛。

冉伯牛，姓冉名耕，字伯牛，孔子的学生。冉伯牛道德高尚，闻名遐迩。其德声仅次于颜渊、闵子骞，排在冉雍之前。他大概是冉雍的叔伯之辈，同冉雍一个宗族。他的史料，历史流传很少，《论语》中也仅如下一句：

伯牛有疾，子问之，自牖（yǒu）执其手，曰："亡之，命矣夫！斯人也而有斯疾也！斯人也而有斯疾也！"

伯牛不幸生病了，得了怪病。孔子探望他的时候，不能进屋，只能从窗户把手伸进去，握住他的手，悲痛地说："你快要不行了，这就是命啊！如此品德高尚的人竟然也会得这种病啊！如此品德高尚的人竟然也会得这种病啊！天道太不公了！"孔子心如刀绞，痛苦万分。冉伯牛得的究竟是什么病，不得而知，大概是传染病之类的疾病。

就是这位冉伯牛，居然成了神话中的牛王。有一个传说故事，叫"冉伯牛计惩贪官"，讲到了冉伯牛变成牛王的经过。话说从前，平利县来了一位贪官。此君嘴特馋，爱吃牛肉，而且专爱吃千斤以上的肥牛。三年过去了，县里千斤以上的肥牛，几乎让他吃光了。为了满足他自己的口福，他命令衙役们到牛王山去继续搜索肥牛。

牛王山确实名不虚传，藏有肥牛。牛王山还有一头特大号肥牛，人们给它起了个绰号，叫"金牛王"。这金牛王是牛王村金老汉的心肝宝贝。衙役们探得这个情报，心中大喜，赶忙回来报告县令。县令急不可耐，翌日清晨，就带着衙役，到金老汉家来拉牛。但到金老汉家一看，不见了金牛王的踪影。县令大怒，命衙役们轮番拷打金老汉一家老小，逼问口供。此时，奇迹出现了，金牛王突然从天而降。县令大惊，继而大喜，忙命衙役上前捉拿。那牛不慌不忙，向大山跑去。

县令带人追进大山。此时，怪异的现象出现了。只见树林中，突然涌出许多牛头力士，奇形怪状，张牙舞爪，令人惊恐。他们将县令和衙役团团围住。县令和衙役动弹不得，十分紧张。原来金牛王夜里逃跑后，直奔牛神庙告状。牛神王得知情况，设计将这帮歹人引诱上山，进行惩罚。

只见天空飞沙走石，牛神王驾云而至，从天而降。他牛头人身，金盔金甲，面目狰狞，怒目圆睁，吼声如雷，怒斥县令道："你身为父母官，却只顾自己的口福，不察民苦，残杀耕牛，祸害百姓，实在可恨！今惩罚尔等均变成耕牛，为民出力，将功赎罪！"

牛神王将手一挥，顿时飞来几十张牛皮。这些牛皮正好是县令宰杀的那些耕牛的牛皮。牛神王向这些牛皮轻轻地吹了一口法气，牛皮霎时飞将起来，纷纷包裹在县令和衙役的身上。县令和衙役顿时变成了地地道道的耕牛了。

据说，这位神通广大的牛神王，就是孔子的弟子冉伯牛。因为冉伯牛名耕，传说他喜欢农耕，热爱耕牛，所以玉皇大帝将他封为牛神王，专门掌管人间饲牛、耕作之事。冉伯牛本来是一位谦谦君子，是一位儒生。但自从成为牛神王之后，他的形象就变成了"牛头人身，金盔金甲"的力士模样了。

牛王的诞辰，因地域的不同，日期也有不同。第一种说法，四月初八日是牛王诞辰日；第二种说法，七月二十五日是牛王诞辰日；第三种说法，十月初一日是牛王诞辰日。逢到牛王日，家家给耕牛喂食细料，免耕家休，并祭拜牛王，以祈望牛王保佑。

牛王得到民间的祭拜，是老百姓保佑家畜平安的一种精神寄托。

92

龙王

龙王是传说中掌管兴云降雨的动物神。中国古代典籍最早记载龙王的大概是宋代佛道名书《太平广记》。其"震泽洞"条云："震泽中，洞庭山南有洞穴，深百余尺，旁行升降五十余里，至一龙宫。盖东海龙王第七女掌龙王珠藏，小龙千余卫护此珠。"这里首次提到了"东海龙王"，首次提到了"龙王第七女"，首次提到了"小龙千余"。

明代作家吴承恩的小说《西游记》让龙王广为人知。《西游记》中龙王的海底世界有"龙子、龙孙、虾臣、蟹士、鲥军师、鳜少卿、鲤太宰"等，五光十色，异彩纷呈。龙王兴风雨时，违了玉帝敕旨，犯了天条，因此，在梦中被唐太宗的宰相魏征斩首。孙悟空又大闹东海，将老龙王的看家之宝天河定底神针收为己有，变成如意金箍棒。作者将龙王摆到以上诸自然神之上，给以特殊的地位。《西游记》里的龙王，不仅东海有，西海、南海、北海亦有，进而至于河、潭也有了。龙王之所以家喻户晓，妇孺皆知，得益于《西游记》的广为流传。

明代作家吴元泰的小说《东游记》，又使龙王的神话更加深入人心。《东游记》专叙八仙过海同龙王大战的故事，情节跌宕起伏，内容富于情趣。这就使龙王的神话故事愈发丰满厚重。其实，细细考来，龙王的神话传说是来自西域，本来是佛经里幻想出来的。

佛教《华严经》上说，龙王共有十名，一是毗楼博义龙王，二是娑婆龙王，三是云音妙幢龙王，四是焰口海光龙王，五是普高云幢龙王，六是德义迦龙王，七是无边步龙王，八是清净色龙王，九是普运大声龙王，十是无热脑龙王。他们负责兴云布雨，是神通广大的自然神。

道教也有关于龙王的说法。说有诸天龙王、四海龙王、五方龙王等，奉元始天尊、太上道君的旨意，负责普天施雨的农耕大事。

佛教典籍记载，龙王逐渐增多：十光明龙王，百光明龙王，八十亿龙王。就是说，凡是有水的地方，无论是江河湖海，还是渊塘井洼，莫不驻有龙王。龙王职司该地水旱丰歉。因此，百姓一遇水旱灾害，就要祈求龙王，以致大江南北，龙王庙到处林立。

93

药王

民间传说的药王是指汉朝的邳（pī）彤。邳彤（？—30），字伟君，西汉信都（今河北冀州市）人，是东汉开国皇帝刘秀部下二十八将之一。新朝王莽时任和成卒正（太守）。刘秀巡行河北，邳彤举城投降，做了和成太守。力主据河北，平天下。从击王郎，拜为后大将军，并兼和成太守。后来攻占邯郸，封武义侯。建武元年（26），更封灵寿侯，具体做大司空事。后任太常、左曹侍中等职，常从征战。

邳彤辅佐刘秀打天下，英勇善战，忠心耿耿，且足智多谋，为创立和捍卫东汉江山立下了不朽功勋，官至太常。太常是汉朝九卿之首。九卿是：太常、光禄勋、卫尉、太仆、廷尉、大鸿胪、宗正、大司农、少府。邳彤酷爱医学，精通医理，用自己的医术为民医病，颇受军民拥戴，死后葬于祁州南门外。如今，邳彤墓仍在祁州即今天的河北省保定市安国市药王庙内，任人凭吊。

药王庙的来历，有一个神话传说。相传宋秦王得疾，久治不愈，邳彤显灵治愈。宋秦王问其姓名，告之"祁州南门外人也"。"遣使即其地，始知为神"，遂封王建庙祀之。宋徽宗建中靖国元年（1101），赵佶加封邳彤为侯，后改封公。宋度宗咸淳六年（1270），赵禥又加封为明灵昭惠显祐王。随着帝王对邳彤的不断封赐，药王影响越来越大。

明成祖永乐二年（1404），仿照宋代临安（今浙江杭州）的药王庙，以邳彤墓为中心，扩建药王庙。经明、清两代历次修葺，始成为现在的规模。药王庙建筑群占地三千二百多平方米，坐东向西，结构严整，楼阁错落。

悬挂于山门之上的"药王庙"匾额，乃清乾隆时东阁大学士刘墉题写。药王墓在药王庙的中院。墓为亭式，琉璃瓦顶，富有民族特色。墓亭内竖有高3.8米的透雕木质墓碑，墓碑上书有"敕封明灵昭惠显祐王之墓"。墓碑附近，碑碣林立，有几十块之多，有的碑上镌刻着古药方药的知识，十分珍贵。

如今，药王庙不仅是旅游胜地，药王庙所在的城市安国市还是药材集散地。当地每年农历四月二十八日，都会举行药材庙会。届时客商云集，十分热闹。安国市也因此获得"药都"和"天下第一药市"的美誉。

94

虫王

虫王是中国农村驱除虫害、呵护庄稼的保护神，也称虫神。这个保护神是鸟，还是人？多年来，一直存疑。大体有二说，一为鸟说，一为人说。

鸟说。这种鸟保护神叫鹙（qiū），是古书上说的一种水鸟，头和颈上都没有长毛。据南宋洪迈著《夷坚支志》记载："绍兴二十六年，淮、宋之地将秋收，粟稼如云，而蝗虫大起。未几，有水鸟名曰鹙，形如野鹜高且大，月豆有长喙，可贮数斗物，千百为群，更相呼应，共啄蝗。才旬日，蝗无孑遗，岁以大熟。徐泗上其事于虏廷即金朝，下制封鹙为护国大将军。"金朝时期，淮宋之地发生蝗灾。由于正值收获之际，人们叫苦不迭，却束手无策。这时，成群的鹙鸟飞来，吃掉蝗虫，保护了庄稼。于是，金朝政府封鹙为护国大将军。鹙鸟成了民间祭祀的虫王。

人们把鹙鸟当成保护神，说明了人类对自然的敬畏。这里洋溢着人类对自然的感恩之心和感激之情。

人说。这种说法出自清代著名学者袁枚。他说："虫鱼皆八蜡神所管，只须向刘猛将

虫王年画

军处烧香求祷，便可无恙。"这里提到的八蜡神，须加解释。蜡，不读là，而读zhà，音炸，是古代一种年终祭祀。八蜡，是指古代的八种农事，即祭祀、耕作、筑堤、疏浚、修屋、畜牧、造酒、治虫八个方面的农事。也特指农历十二月举行的祭祀活动。这是说，虫王是刘猛将军。

这里的刘猛将军，并不是姓刘名猛，而是一位姓刘的勇猛将军。这位猛将军，还不能一时认定。有五种说法：刘合、刘锜、刘锐、刘宰和刘承忠。学者认为，这五位将军中能够和虫王靠谱的，还是刘锜。

刘锜是南宋的抗金名将，打败了金兀术的金军，却被奸相秦桧排挤出京城，做了地方官。他在任上，恰逢百年不遇的大蝗灾。刘锜殚精竭虑，千方百计地灭蝗，保住了庄稼。宋理宗赵昀敕封他为扬威侯暨天曹猛将之神。这里的"猛将"，就是猛将军之意。此后，各地立祠设庙祭祀刘锜。当时的刘猛将军庙上有一副对联，也点明了虫王是刘锜：

卧虎保岩疆，
狂寇不教匹马还；
驱蝗成稔岁，
将军合号百虫来。

这副庙联，上联是说，如卧虎般刘锜的军队死保边疆，来犯的金寇，一匹马也别想回去；下联是说，任地方官的刘锜驱蝗成功获得丰收，听到将军的号令，各种各样的益虫都飞来了。上联是在歌颂刘锜军事上的胜利，下联是在赞扬刘锜农事上的成功。

清高宗乾隆皇帝曾于1742年4月23日，亲诣北京刘猛将军庙行礼。从史料来看，为农业丰收而祭祀刘猛将军，是清乾隆时期的一个社会常态。但乾隆皇帝祀神不唯神，据《清高宗实录》记载，他在十年后的一道谕旨里说："唯信刘猛将军之神，祈禳可免，愚说实不足凭……然民情亦当顺之。彼祀神固不害我之捕蝗也，若不尽力捕蝗，而唯恃祀神，则不可耳。"从这段话中，我们既可以看出刘猛将军在当时社会的影响力，也更佩服乾隆皇帝的不可"唯恃祀神"的态度。

第十章

匠作神

95

字神

中国神话传说中的造字神是苍颉（jié）。苍颉，一作仓颉。苍颉是神话传说中的人物，有的说是黄帝的史官，有的说是古代帝王，有的说和史皇是一个人。

黄帝史官说。《世本·作篇》："黄帝使苍颉作书。"东汉许慎著《说文·序》云："黄帝之史仓颉，见鸟兽蹄迒（hàng）之迹，知分理之可相别异也，初造书契。百工以乂，万品以察。"西汉刘安著《淮南子·本经》云："苍颉作书而天雨粟，鬼夜哭。"这是说，苍颉是黄帝的史官，黄帝派他制造文字。苍颉从飞鸟走兽的爪蹄痕迹中得到启发，了解了蹄迹区分的道理，从而使制造的文字能够互相区别开，初步制造了文字。有了文字，百工可以治理，万品得以体察。苍颉造字是一件大事，上天因此落下粟米，鬼怪因此夜间啼哭。真是惊天地，泣鬼神。

古代帝王说。清黄奭著《汉学堂丛书》云："仓帝史皇氏，名颉，姓侯冈。龙颜侈哆，四目灵光，实有睿德。生而能书。于是穷天地之变，指掌而创文字。天为雨粟，鬼为夜哭，龙乃潜藏。"这是说，苍颉是一个帝王，通称史皇氏，名字是侯冈颉。他的相貌奇特，龙颜庄严，四目灵光，本身具有高尚的道德。因此，生来就能够书写文字。于是，苍颉能够透彻地了解天地的变化，在很短的时间里，就创造了文字。这个惊世的壮举，使上天落下了粟米，鬼怪夜间啼哭，蛟龙潜藏大海。

史皇本人说。史皇是黄帝的臣子，是第一个开始绘画的人。西汉刘安著《淮南子》云："史皇产而能书。"高诱注："史皇，苍颉。"清黄奭著《汉学堂丛书》云："仓帝史皇氏，名颉，姓侯冈。"说的是苍颉和史皇为同一个人。但也有说是两个人的。史皇作画，苍颉作书，传说有所不同。看起来，说是两个人比较顺当。

通行的说法，还是说苍颉是黄帝的史官，采纳了第一说。仓颉发明了文字，故古代以文字工作为职业的胥吏们奉仓颉为祖先，尊其为"仓王"。胥吏们处理文件，时时离不开文字，自然要敬奉仓颉了。

有一个关于苍颉的传说，在民间十分流行。

相传苍颉在黄帝手下当官。黄帝分派他专门管理圈里牲口的数目、囤里食物的多少。苍颉这人挺聪明，做事又尽心尽力，很快熟悉了所管的牲口和食物，难得出差错。可慢慢的，牲口、食物的储藏在逐渐变化，有时增加，有时减少，光凭脑袋记不住了。当时又没有文字，更没有纸和笔。怎么办呢？苍颉犯难了。仓颉整日整夜地想办法。先是在绳子上打结，用各种不同颜色的绳子，表示各种不同的牲口、食物，用绳子打的结代表

每个数目。但时间一长，就不奏效了。这增加的数目在绳子上打个结很便当，而减少数目时，在绳子上解个结就麻烦了。苍颉又想到了在绳子上打圈圈，在圈子里挂上各式各样的贝壳，来代替他所管的东西。增加了就添一个贝壳，减少了就去掉一个贝壳。这法子挺管用，一连用了好几年。

黄帝见苍颉这样能干，叫他管的事情愈来愈多，年年祭祀的次数、回回狩猎的分配、部落人丁的增减，也统统叫苍颉管。仓颉又犯愁了，凭着添绳子、挂贝壳已不抵事了。怎么才能不出差错呢？

这天，他参加集体狩猎，走到一个三岔路口时，几个老人为往哪条路走争辩起来。一个老人坚持要往东，说有羚羊；一个老人要往北，说前面不远可以追到鹿群；一个老人偏要往西，说有两只老虎，不及时打死，就会错过机会。苍颉一问，原来他们都是看着地下野兽的脚印才认定的。苍颉

心中猛然一喜：既然一个脚印代表一种野兽，我为什么不能用一种符号来表示我所管的东西呢？

他高兴地拔腿奔回家，开始创造各种符号来表示事物。果然，把事情管理得头头是道。黄帝知道后，大加赞赏，命令苍颉到各个部落去传授这种方法。渐渐地，这些符号的用法，全推广开了。就这样，形成了文字。

苍颉庙和墓位于陕西省白水县史官乡。按碑记，该庙在东汉汉桓帝延禧五年（162），已经具有相当的规模。至于其创建于何时，尚无从查考。

苍颉庙占地十七亩。苍颉庙前，有一副对联："明四目制万世文字之祖；运一心赞两仪千古士儒之师。"庙内建有后殿、正殿、献殿、前殿、戏楼、钟楼、鼓楼等，建筑规模宏大，气势雄伟。后殿内塑有"四目重光"的苍圣像，四只眼睛，神光四射，这是根据古籍"四目灵光"的记载雕塑的。

正殿后面陈列着历代碑刻，其中有"苍圣鸟迹书碑"等。后殿后面是苍圣墓，墓冢高3.2米，周围44米。墓顶有古柏一株，人称"转枝柏"，盖因其形态奇特，四面树枝隔年轮流荣枯而得名。如今，这里是陕西省重点文物保护单位之一。

匠神

96

鲁班是我国名声最大、影响最久的行业神。鲁班，姓公输，名般，又称公输般、公输子；因为他是鲁国人，"般"与"班"同音，古时通用，所以后世称他为鲁班。鲁般生于鲁定公三年（前507），卒年不详。他是我国古代一位优秀的手工工匠和杰出的发明专家。相传他在手工机械、木工工具、土木建筑等方面有多项创造发明，留下了许多动人的故事。两千多年以来，他一直被土木工匠们视为祖师，是匠神。

鲁班是手工工匠中的天才。《孟子·离娄》云："公输子之巧。"赵岐注："公输子，鲁班，鲁之巧人也。"孟子赞扬鲁班是鲁国的灵巧之人，决非偶然。西汉刘安著《淮南子·齐俗》云："鲁般、墨子，以木为鸢（yuān）而飞之，三日不集。"是说鲁班和墨子一起，用木材制造了老鹰，老鹰居然在天空中飞翔了三天而不落下。还有更加离奇古怪的传说。东汉王充著《论衡·儒增》云："世传言曰，鲁班巧，亡其母也。言巧工为母做木车马。木人御者，机关备具，载母其上。一驱不还，遂失其母。"这是说，世间传言，鲁班太过智慧灵巧了，以致丢掉了母亲。说鲁班为他的母亲制作了木质的车马，准备用木头人驾驭车马。所有的机关都备齐了，将他的母亲请到了车马上。木头人御者赶起车马，一瞬间，母亲就不见了。这里暗指鲁班的母亲升天为仙了。

鲁班是个心灵手巧的工艺家，还很擅长绘画。北魏郦道元著《水经注·渭水》云："（渭桥）旧有忖留神像。此神尝与鲁班语。班令其人出。忖留曰：'我貌很丑，卿善图物容，我不能出。'班于是拱手与言，曰：'出头见我。'忖留乃出首。班于是以脚画地。忖留觉之。便还没水。故置其像于水，唯背以上立水上。"鲁班不仅能够用手画画，还可以用脚画画。

公元前450年以后，鲁班从鲁国来到楚国，帮助楚国制作兵器。他曾创制了威力较大的攻城器械云梯，并准备以此来进攻宋国，他为此与当时的著名学者墨子发生了辩论，两人展开了一场攻城与守城的演习，鲁班想尽各种办法进行攻城，都被墨子一一化解。墨子主张制造实用的生产工具，以造福老百姓，反对为战争制造武器。鲁班接受了墨子的这种思想，于是便把精力投入到木工工具、机械等各种实用技术上，埋头从事各种发明创造，留下了很多美丽动人的传说和故事。

鲁班发明锯的故事，千百年来就一直流传在民间。相传有一次，上山的时候，他无意中抓了一把野草，却一下子将手划破了。他摘下了一片叶子来细心观察，发现叶子两边长着许多小细齿，用手轻轻一摸，这些小细齿非常锋利。他明白了，他的手就是被这些小细齿划破的。这使鲁班受到很大启发。于是他就用大毛竹做成一条带有许多小锯齿的竹片，然后到小树上去做试验，试验成功了。但是，由于竹片比较软，强度比较差，不能长久使用，鲁班就制作了带有小锯齿的铁片，锯就这样发明了。

但是，青海柳湾彩陶有一把卡约文化的骨锯，却反驳了鲁班发明锯子的传说。这把古锯是用兽骨磨制而成，大约2厘米长。由于岁月的侵蚀，略显残旧。不能小看这把骨锯。据史料记载，鲁班是锯子的发明人。但是，这一把展出的骨锯属于公元前1600年卡约文化，距今已有近四千年的历史，远远早于鲁班所生活的春秋时代，所以锯子不可能是鲁班发明的。

鲁班在长期的木工实践中，需要经常与木头打交道，发现了许多可以进行改进的技术问题。鲁班发明了刨子。有了这种工具，就可以把不平的木头刨平。其他如钻、铲、凿子、墨斗（木工画线用的）和曲尺等，传说都是鲁班发明的。其中曲尺，后人称之为鲁班尺，是木工用以求直角的，至今仍为木工所使用。在鲁班的发明工作中，他的母亲和妻子对他的帮助很大。例如，鲁班在做木工活，用墨斗放线的时候，都是由他的母亲拉住墨线的一端，他自己拉住另一端，以便弹墨放线。鲁班设计了一个小弯钩，操作简便，只需一个人就行了。后来木工就把这个小弯钩称为"班母"。又如，刨木料时顶住木料的卡口，人们称之为"班妻"。据说这是因为鲁班以前刨木料时，都是由他妻子扶着木料，后来他发明了卡口，才不用他妻子帮忙了。

鲁班还是一位杰出的机械发明家，发明创造了多种简单机械装置。如鲁班曾对古代的锁进行了重大改进。锁在我国奴隶社会的周代就已经出现，其形状像一条鱼，构造简单，安全性差。经过鲁班改进后，锁的机关设在里面，外表不露痕迹，只有借助配好的钥匙才能打开，具有很强的安全性和实用性。南朝梁任昉著《述异记》记道："天姥山南峰，昔鲁班刻木为鹤，一飞七百里。后放于北山西峰上。汉武帝使人往取，遂飞上南峰，往往天将雨则翼翅摇动，若将奋飞。"是说鲁班制作了木鹤，可飞七百里。

在兵器方面，钩和梯是春秋末期常用的兵器。史书记载，鲁班曾将钩改制成舟战用的"钩钜"，楚国军队曾用此兵器与越国军队进行水战，发挥了很大的作用。越船后退就可以钩住它，越船前进又可以进行阻挡，既能攻又能守，颇具威力。鲁班还曾将梯改造成可以凌空而立的云梯，用以越过城墙攻占城池，非常有效。在雕刻和建筑方面，鲁班也有很多发明和贡献。唐段成式著《酉阳杂俎》记道："（鲁班）于凉州造浮图，做木鸢。"建造了佛塔，制作了木鹰。南朝梁任昉著《述异记》记载："鲁班刻石为九州图，今在洛城石室山。"这石头刻制的九州图，可能是我国最早的石刻地图。

有人认为，鲁班被尊为建筑业的鼻祖，远远不够。鲁班不光在建筑业有成就，在航天业，他发明了飞鸢，是人类征服太空的第一人；在军事科学，鲁班发明了云梯、钩钜及其他攻城的武器，是一位伟大的军事科学家；在机械方面，鲁班很早就被称为机械圣人。此外，还有很多民用、工艺等方面的成就。鲁班是中国当之无愧的科技发明之父。

窑神

97

窑神是中国古代陶瓷业供奉之神。古代陶瓷业供奉的神，往往是地方神。

陶瓷的历史源远流长。汉代的陶瓷，虽然火度低、质地脆，但已有相当的规模。到了五代，最著名的瓷器是由后周世宗柴荣所烧制的紫陶，其器"青如天，明如镜，薄如纸，声如磬"，滋润细媚，制精色绝，为古今瓷器之首。宋代、明代都是陶瓷业的高峰期。清代的作品则模仿痕迹较重，创新较少。中国古代的窑神很多，现在介绍三位。

第一位窑神。最著名的窑神是童宾。窑神，又叫风火神、风火仙师。江西景德镇是我国的瓷都。早在北宋年间，朝廷派官员在此监制御用瓷器。明朝初年，明太祖朱元璋下诏在此建立御窑厂。在御窑厂内，有一座风火仙庙，庙内供奉的就是窑神童宾。关于童宾，史籍中多有记载。

清唐英著《火神童公传》记载："窑神，姓童名宾，字定新，饶之浮梁县人。性刚直，幼业儒，父母早丧，遂就艺。浮地利陶，自唐宋及前明，其役日益盛。万历间，内监潘相奉御董造，派年于民。童氏应报火，族人惧，不敢往，神毅然执役。时造大器累不完工，或受鞭笞，或苦饥羸。神恻然伤之，愿以骨作薪，丐器之成，遽跃入火。翌日启窑，果得完器。自是器无弗成者。家人收其余骸，葬凤凰山，相感其诚，立祠祀之，盖距今百数十年。"

另据《童宾家谱》记载："当神之时，徭役繁兴，刑罚滋炽，瑟缩于前，而涕泣狼狈于后？神闻役而趋，趋而尽其力，于工则已耳！物之成否，不关一人；器之美恶，非有专责。乃一旦身投烈焰，岂无妻子割恩舍之痛与骨肉锻炼之苦？而皆在不顾，卒能上济国事而下贷百工之命也。何其壮乎！然则神之死也，可以作忠臣之气而坚义士之心矣。神娶于刘，生一子曰儒。神赴火后，刘苦节教子，寿八十有五。儒奉母以孝闻。"

以上是说，童宾，字定新。生于明穆宗隆庆丁卯年（1567）五月初二日午时。娶妻刘氏，子刘儒，祖上以烧瓷为业。明神宗万历年间（1573—1620年），内监潘相奉旨，督促烧制大龙缸，要求克日完成。但大龙缸烧成并非易事，每每失败。监工太监潘相，心狠手辣，对窑工或棍棒交加，或饥饿勒逼，窑工敢怒不敢言。限期将至，若仍没有烧成大龙缸，烧造大龙缸的相关人员将受严惩。童宾看在眼里，急在心上。为了拯救同伴，自己毅然决然地跳进窑火中，用自己的生命为代价，换来了大龙缸的烧制成功，挽救了同伴的生命。众人感动，立庙祭祀他，供奉其为窑神，也叫风火神。后来，每次烧窑前，都要烧香礼拜童宾，以求保佑烧窑成功。

第二位窑神。瓷乡江西德化县供奉的窑神是林炳。农历五月十六日，德化县宝美村境内的祖龙宫最为热闹。这一天，是祖龙宫供奉的窑神林炳，当年受朝廷敕封嘉奖的日子。林炳身处北宋时期，距今已有九百余年。那时，德化县的陶瓷业已相当发达，"村南村北春雨晴，东家西家地碓声"，描绘的就是当时德化县陶瓷作坊遍布乡里的情景。

德化县瓷窑密布，但窑体窄小，容量有限。其微小的生产规模，满足不了庞大的商品需求。烧制技术的落后，制约了德化陶瓷业的进一步发展。林炳顺应发展，设计发明了圆拱形大窑炉，亦称鸡笼窑，不仅容量扩大了十几倍，加之设计了烟囱拔焰消烟，热度倍增，烧制出的瓷器更为洁白剔透。距离祖龙宫不远的屈斗宫古窑，就是根据这种圆拱形大窑炉改进而成的。

关于林炳建成大型窑炉，还有一个美丽的传说。传说林炳在进行窑炉改革时，经历了无数次的失败。他非常苦恼。有一次，在倒塌的窑炉旁，身心俱疲的林炳不觉昏昏睡去。睡梦中，他感到一位仙女翩然而至。仙女在他面前解开衣襟，对他示意地指一指败窑，又指一指自己的乳房，然后隐没在云雾之中。林炳醒来，细想仙女指点，突然有所领悟，于是将窑房砌成乳房样的圆拱形大窑，两旁再砌小奶窑，护住主窑房，这样烧窑时就不再塌顶了，而且烧成的瓷器质优量多。后来，林炳又利用山坡地形，把几个窑房穿连起来，这样既能充分利用热能，增加产量，又能使窑体更加牢固，也为此后演变发展成龙窑奠定

了基础。

因此，朝廷敕封林炳为"烧成革新先行"的称号。那位指点林炳的仙女，也被敕封为"玄女夫人"。有一个叫加藤四郎的日本人宋朝时来德化县学习陶艺，将砌鸡笼窑的技术带回日本，砌成"德化窑"，并尊奉林炳为"陶祖神"。

为了感激玄女指点的恩德，瓷乡德化县塑造了玄女像，建玄女宫奉祀。后来，林炳赴江西传艺，一去杳无音信。最后积劳成疾，客死他乡。家乡人怀念他，塑造林炳像安放于玄女像之右，尊为窑坊公。每逢农历五月十六日窑坊公诞辰之日，家乡人都要举行盛大的纪念活动。

第三位窑神。中国台湾祭祀的窑神有当地色彩。他们祭祀的是罗文祖师和罗明祖师。罗文祖师是用土条盘筑法制陶，罗明祖师是用辘轳成型法制陶。两人是兄弟，各有所长。罗文祖师的诞辰日是农历四月十一日，罗明祖师的诞辰

日是农历九月九日。每逢这两个节日，窑厂都要举行祭祀典礼，以纪念这两位造瓷的祖先。

98

陶神

中国古代神话中的陶神叫宁封子。传说宁封子是黄帝时的陶正，即负责烧制陶器的官员。其传说始见于西汉刘向著《列仙传》。

西汉刘向著《列仙传》记道："宁封子者，黄帝时人也。世传为黄帝陶正。有人过之，为其掌火，能出五色烟，久则以教封子。封子积火自烧，而随烟气上下。视其灰烬，犹有其骨。时人共葬于宁北山中，故谓之宁封子焉。奇矣封子，妙禀自然。铄质洪炉，畅气五烟。遗骨灰烬，寄坟宁山。人睹其迹，恶识其玄。"

这是说，宁封子是黄帝时代的人。后世传说，他是为黄帝掌管烧制陶器的官员陶正，原名封子。封子烧制的陶器质量很过硬，自己也很得意。有一天，一个人突然来拜访他，为他表演了一个道法。他竟然从手掌中发出火焰来，而且冒出的烟气分为青、赤、黄、白、黑五种颜色。封子看得目瞪口呆，不知所以。封子就虚心地向他讨教，当时人家没有教给他。然而，过了一段时间，那个人终于把这种道法传给了封子。封子虚心学习，牢牢地掌握了这个道法，而且有所升华。以后，封子想升入天堂，进极乐世界。封子堆积了柴火自焚，身体随着烟气，时上时下。火灭后，从灰烬中人们发现了他的骸骨。当时的人们把他的遗骨葬于宁北山中，所以封子又叫宁封子。宁封子就是这样一位特殊人物。有诗赞曰：特异的宁封子，奇妙秉性自然。身形融化洪炉，精气化成彩焰。遗骨存于灰烬，寄托坟墓宁山。人们只看事迹，不知奥妙之源。

宁封子升仙后，栖息于四川青城山。黄帝曾往见，问以"龙跷飞行"之道。宁封子就以《龙跷经》传授黄帝。黄帝学会了，能乘云龙以游八极。因宁封子得道升天，神通广大，黄帝就册封他为五岳丈人。宁封子头戴盖天冠，身着朱紫袍，腰挂三庭印，做了五岳神的上司。他命令五岳神，一月来朝拜两次，从此成为定制。

民间也有流传的宁封子神仙故事。四川灌县青城山建福宫后面的丈人山，传说是黄帝向宁封子问道处。宁封子因封于此，故名宁封。其时洪水泛滥，人居洞穴，每到山下取水，无盛水器，以山下湿泥为器易碎。宁封子偶于烧野兽火中得硬泥，遂悟做陶之理，故传说宁封为黄帝陶正。某次烧陶，宁封子升窑添柴，因窑顶柴塌，遂陷火窟，人见灰烟中有宁封形影，随烟气冉冉上升，便谓宁封火化登仙。宁封便成为一个为发展人类文明而牺牲自己的仙人了。

99

染神

中国古代神话传说中的染神是梅葛二圣。远古的时候，人们穿的衣服是没有颜色的。到底是谁发明了颜色呢？这是一个千古之谜。民间传说发明颜色的人，就是梅葛二圣。

有关梅葛二圣的来历，民间有三种传说。

第一种传说。最初人们用棉布和麻布缝制衣服，穿起来确实比兽皮羽毛舒适多了，但可惜都是白色的，不如兽皮羽毛漂亮。有个姓梅的小伙子，一次不小心摔倒在河边的泥地里，河泥染脏了他的白色衣服。于是，他把脱下的衣服在河里洗，可是怎么也洗不出衣服原来的白色。衣服原来的白色，变成了黄色。不料，村里的人一见，都说这种颜色挺好看。梅君回想，是什么东西把衣服染成黄色的呢？他认定是河泥。这是一个不小的发现。梅君把这个发现，秘密地告诉了好朋友葛君。就这样，河泥可以染黄布的事传开了。从此，人们穿上了黄色衣服。梅葛两人寻思着把衣服染成其他颜色，共同试验，但总不成功。一天，他俩把染黄的白布，挂在树枝上。忽然，布被吹落在草地上。等他俩发现后，黄布成了"花"布，上边青一块、蓝一块，他们觉得奥妙准是在青草上。于是，两人拔了一大堆青草，捣烂了，放在水坑中，再放入白布，白布一下变成蓝色的了。此后，人们又穿上了蓝衣服，还把这种染衣服的草叫"蓼蓝草"。梅葛二人也成了专门染布的先师，后人称他们为梅葛二圣。

第二种传说。"梅葛二圣"并不是什么先师，而是一鸟一果。传说，最初古人不管是老百姓还是皇帝，穿的衣服都没有颜色。有个皇帝觉得自己与百姓一样穿没有颜色的衣服，显不出尊贵庄严。皇帝就下令，让工匠为他制作一件跟太阳一样鲜红的袍子。工匠做不出，就被杀掉，一连杀了许多人，红袍衣还是没有制出。

一天，忽然来了位老人。他为了使工匠不致被斩尽杀绝，就对皇帝夸下海口："我能造红袍，但要一些时日。"老人不过是缓兵之计。这天，他正在苦思冥想如何使皇帝再宽限几日，不知不觉间，走进了某处山林。老人忽然发现一只葛鸟在吃梅果。葛鸟一边欢快地叫，一边愉悦地吃，梅子的红汁从鸟嘴里流了出来。老人突然受到启迪，一下有了主意，用红梅染成红袍，或许能应付过去。老人一试，果真成功了。老人拿着红袍交了差，在暴君的刀口下救活了无数工匠。众人都把老人视为"活神仙"，要给他立庙供祀。老人不答应，说是天帝派了两个神仙，一个姓葛，一个姓梅，来救大家。于是，人们按照老人的模样塑造了梅葛二圣像，建庙供奉。

第三种传说。在这个传说里，梅葛二圣是有名有姓的。传说，染坊供奉梅福、葛洪为行业祖师，两人合称梅葛二圣、梅葛二仙等。

梅福为西汉末年人，曾任南昌尉，后出家修道炼丹。宋元丰年间（1078—1086），宋神宗赵顼（xū）封其为寿春真人。葛洪，字稚川，自号抱扑子，是东晋著名道士、医学家和炼丹术家。他自幼好学，但家境贫寒，无钱买书，就卖柴换回纸笔，晚间抄写默诵，学

习知识。著有《抱扑子》一书，内详载各种炼丹方技。

民间传说，梅葛二仙曾化作跛脚汉行乞。为感谢一对青年夫妇的施舍，他俩在酒足饭饱之后唱道："我有一棵草，染衣蓝如宝。穿得花花烂，颜色依然好。"两人手舞足蹈，边唱边跳，周围瞬间长出许多小草。青年夫妻听闻草能染衣，便割了几筐放在缸里，过了数日仍不见动静。不久，两位跛脚汉又来借宿喝酒。临走时，把剩酒和残汤全都倒入缸内，缸水顿时变成蓝色。二仙告诉说："水蓝是蓝靛草变的，染衣可永不变色。"小两口高兴地用它来为乡亲染布。此后，人世间便出现了染布业。该行在每年的农历九月九日，即梅葛二圣的诞辰日，都要举行祭典。

旧时，河南开封、四川绵竹等地，都有梅葛庙，供奉梅葛二圣。每年农历四月十四日和九月初九日梅葛二圣的诞辰日，染匠都要举行祭祀活动，同饮梅葛酒，以资祝贺。

100

蚕神

蚕神是中国古代神话中发明养蚕造丝之神。蚕神在民间有嫘（léi）祖、马头娘、青衣神、玄名真人马明王、蚕女、马明菩萨等多种称呼。

中国是最早发明种桑饲蚕的国家。大约在新石器晚期，即五千年前，我们的祖先就已经知道利用蚕丝了。到了商朝，甲骨文中出现了桑、蚕、丝、帛等有关桑蚕的文字，而且还有一批与这些文字相关的文字。这说明在商朝桑蚕已经成为一个行业。在古代男耕女织的农业社会经济结构中，蚕桑占有重要地位。汉以前，蚕已被神化，称其神曰先蚕，意指始为蚕桑之人神。东汉称"寓氏公主"。北齐改祀黄帝，北周又改祀黄帝元妃西陵氏，即嫘祖。这都是官方祀典中所记的蚕神，有的已经传入民间。民间祀奉的蚕神，则是蚕马神话演化而来的蚕女、马头娘。在众多关于蚕神的神话传说中，著名的蚕神大体有三位。

传说第一位蚕神是嫘祖。嫘祖是黄帝的正妻，古代教民养蚕之神。南朝范晔著《后汉书·礼仪志》云："祀先蚕，礼以少牢。"南宋罗泌著《路史·后纪》云："（黄帝）元妃西陵氏曰嫘祖。以其始蚕，故又祀先蚕。"是说因为嫘祖最先开始养蚕造丝，所以人们尊奉嫘祖为先蚕，并加以祭祀。相传，在人类历史上，是她首先开始种蚕，故后世祀以为先蚕。

嫘祖发明养蚕造丝之事，民间有传说。据陶阳、钟秀著《中国神话》记载，在陕西黄陵县就流传着嫘祖发现蚕丝的民间故事。据说，黄帝命其妻嫘祖制作衣服，嫘祖想得到一种材料制作衣服。为此，嫘祖

急病了。有一天，嫘祖的同伴发现了一些果实上的丝状物，向嫘祖报告。嫘祖不听则罢，一听病情好像减轻了大半，立即要看个究竟。身边人不让她动，把缠在木棒上的细丝线拿来叫她看。嫘祖仔细察看了缠在木棒上的细丝线，对周围的女子说："这不是果子，不能吃，但是它大有用处。"接着嫘祖就详细询问了果子从哪里摘来，在什么山上，在什么树上。嫘祖听了后，说也怪，第二天病就全好了。她不顾黄帝的劝阻，亲自带领妇女上山要看个究竟。嫘祖在树林里整整观察了几天，才弄清这种白色果子，是一条口吐细丝的虫子绕织而成，并非树上结的果子。嫘祖回来把这事向黄帝作了详细说明，并要求黄帝下令保护所有的桑树林。从此，栽桑养蚕就在嫘祖带领下开始了。后世为了纪念她的功绩，就称她为"先蚕娘娘"。

传说第二位蚕神是马头娘。马头娘的雏形是《山海

经·海外北经》所记的"欧丝"女子。当时蚕神的形象尚未与马相联系。《荀子·赋篇》有赋五篇，其四《赋蚕》中有云："此夫身女好而头马首者欤？"是说蚕身柔婉似女子，而蚕头似马首。后人据此将蚕与马相糅合，造出人身马首的蚕马神。

最早记载马头娘故事的是《太古蚕马记》。此书据称为三国吴张俨所作。一般学者疑是魏晋人所伪托。东晋干宝著《搜神记》亦记载其事迹。据说，马头娘本是古代一位民女。高辛帝时，蜀地战乱，她的父亲被拉去征战，一年多不见回还。唯有父亲平常骑的马还留在家中。女儿日日夜夜挂念父亲，有时茶饭不思。她的母亲无奈，就对众人发誓说："谁要能把她的父亲找回来，我就把女儿嫁给谁。"家里的佣人们都只是听听而已，谁都无法使她的父亲回归家中。然而，想不到的是，那匹马听了这话，却惊跃振奋起来，挣脱了缰绳，迅疾而去。几天后，父亲就骑着那匹马回来了。可是从这日起，那匹马就开始嘶叫哀鸣，不肯吃东西。父亲问怎么回事，母亲就把对众发誓的事告诉了父亲。父亲说："这誓是对人发的，而不是对马发的。哪有人与畜牲婚配的事呢？"于是，父亲就加添了许多好饲料，打算以此来安抚和回报这匹马。可是，马还是不肯吃东西。每当那女孩从它身边走过，它都怒目而视，并且愤然出击，没有一次不这样。父亲一怒之下便把这马杀了，而后剥下马皮曝放在庭院中。有一天，女孩从马皮旁经过，马皮蹶然而起，卷着女孩子飞走了。十多天后，人们在一株桑树下找到了那张马皮。女孩则已变为蚕，食桑吐丝作茧，为人间造衣。父母痛悔不已，念念不忘。一天，忽然看见蚕女骑着那匹情马，乘着流云，前呼后拥数十人从天而降。她对父母说："太上因为我孝能致身，心不忘义，授予我九宫仙嫔之职，在天长生，你们就不要再忆念我了。"说毕，便乘马上天而去。这女子的家乡在蜀中什邡、绵竹、德阳三县交界之地，每年都有来自四方的祈蚕者云集在此。而蜀中寺观多塑女人披马皮的像，人称马头娘，用以祈祀蚕桑。

民间又称马头娘为马明王、蚕女、马明菩萨等。

传说第三位蚕神是青衣神。青衣神即蜀地先王蚕丛氏。传说蚕丛氏最初是蜀侯，后来又成为蜀王。他经常穿一身青衣，巡行郊野，教百姓们怎样养蚕。乡里人感念他的恩德，为他立祠祭祀，每逢祈祷没有不灵验的。地方上俗称他为青衣神。

传说第四位蚕神是玄名真人。道教也崇奉蚕神，这位蚕神就是玄名真人所化。《太上说利益蚕王妙经》云："有一真人名曰月净，上白（灵宝）天尊曰：'今见世间人民苦乐不均，衣无所得，将何救济？'天尊悯其所请，乃遣玄名真人化身为蚕蛾，口吐其丝，与人收什，教其经络机织，裁制为衣。"据此，蚕神不仅管蚕桑，还管机织成衣之事。

除以上传说的四位蚕神外，还有一些没有姓名的蚕神。

蚕神的形象，有的是一个女子骑在一匹马上；有的是一个女子端坐，身旁站着一匹马；有的是三位女子共骑一匹马。

蚕神，《三教源流搜神大全》

图书在版编目（CIP）数据

道界百仙/徐彻，李焱著. -- 上海：上海三联书店，2024.1 重印

（中国民间崇拜文化丛书）

ISBN 978-7-5426-6414-3

Ⅰ.①道… Ⅱ.①徐… ②李… Ⅲ.①道教-宗教文化-中国-文集 Ⅳ.①B958-53

中国版本图书馆CIP数据核字〔2018〕第174349号

道 界 百 仙

著　　者／徐彻　李焱
责任编辑／陈马东方月
装帧设计／七月合作社
监　　制／姚军
责任校对／周燕儿
出版发行／上海三联书店
　　　　　（200030）中国上海市漕溪北路331号 A 座6楼
邮购电话／021-22895540
印　　刷／上海艾登印刷有限公司
版　　次／2019年1月第1版
印　　次／2024年1月第13次印刷
开　　本／787×1092　1/32
字　　数／120千字
印　　张／8.75
书　　号／ISBN 978-7-5426-6414-3/B·597
定　　价／52.00元

敬启读者，如发现本书有印装质量问题，请与印刷厂联系021-62213990